The Bilingual Revolution Series

TBR Books

Program Centrum rozwoju języków, edukacji i wspólnot (CALEC)

Nasze książki w języku angielskim

Mamma in her Village by Maristella de Panniza Lorch

The Other Shore by Maristella de Panniza Lorch

The Clarks of Willsborough Point: A Journey through Childhood by Darcey Hale

Beyond Gibraltar by Maristella de Panniza Lorch

The Gift of Languages: Paradigm Shift in U.S. Foreign Language Education by Fabrice Jaumont and Kathleen Stein-Smith

Two Centuries of French Education in New York: The Role of Schools in Cultural Diplomacy by Jane Flatau Ross

The Clarks of Willsborough Point: The Long Trek North by Darcey Hale

The Bilingual Revolution: The Future of Education is in Two Languages by Fabrice Jaumont

Nasze książki w tłumaczeniu na inne języki

El regalo de las lenguas : Un cambio de paradigma en la enseñanza de las lenguas extranjeras en Estados Unidos de Fabrice Jaumont y Kathleen Stein-Smith

Rewolucja Dwujęzyczna: Przyszłość edukacji jest w dwóch językach by Fabrice Jaumont

Le don des langues : vers un changement de paradigme dans l'enseignement des langues étrangères aux États-Unis de Fabrice Jaumont et Kathleen Stein-Smith

Die bilinguale Revolution: Die Zukunft der Bildung liegt in zwei Sprachen by Fabrice Jaumont

La revolución bilingüe: El futuro de la educación está en dos idiomas by Fabrice Jaumont

ДВУЯЗЫЧНАЯ РЕВОЛЮЦИЯ: БУДУЩЕЕ ОБРАЗОВАНИЯ НА ДВУХ ЯЗЫКАХ by Фабрис Жомон

La Révolution bilingue : Le futur de l'éducation s'écrit en deux langues de Fabrice Jaumont

La Rivoluzione bilingue: il futuro dell'istruzione in due lingue di Fabrice Jaumont

REWOLUCJA DWUJĘZYCZNA

Przyszłość Edukacji Jest W Dwóch Językach

Fabrice Jaumont

Przedmowa Ofelia Garcia

Przetłumaczył Piotr Dudek

TBR Books
Brooklyn, New York

TBR Books
146 Norman Avenue
Brooklyn, New York
ww.tbr-books.org

TBR Books jest programem Centrum rozwoju języków, edukacji i wspólnot (CALEC). Publikujemy prace naukowców oraz praktyków, którzy starają się zaangażować różne wspólnoty w tematach związanych z edukacją, językami, historią kulturową i inicjatywami społecznymi.

Aby uzyskać informacje na temat specjalnych rabatów przy zakupach hurtowych, prosimy o kontakt z TBR BOOKS na adres: contact@tbr-books.org

Ilustracja przednia okładka © Raymond Verdaguer
Foto tylna okładka © Jonas Cuénin
Projekt okładki © Nathalie Charles

The Bilingual Revolution/ Fabrice Jaumont. – 2nd ed.
ISBN 978-1-947626-30-0 (paperback)
ISBN 978-1-947626-34-8 (eBook)

Biblioteka Kongresu skatalogowała wydanie w twardej oprawie TBR Books w następujący sposób:
Jaumont, Fabrice
The Bilingual Revolution: The Future of Education is in Two Languages/
Fabrice Jaumont
 Obejmuje odniesienia bibliograficzne i indeks
 Biblioteka Kontroli Kongresowej nr 2017949229

RECENZJE

"Wielojęzyczność nie jest już luksusem oferowanym tylko bogatym lub wybranym szczęśliwcom, którzy mogą uczęszczać do szkół dwujęzycznych. Jest to kluczowa umiejętność XXI wieku, której dzieci będą potrzebowały by odnieść sukces w przyszłej pracy i w życiu. Rewolucja dwujęzyczna autorstwa Jaumont, na wiele sposobów wyrównuje szanse, dzieląc się różnymi modelami programów i najlepszymi praktykami, jednocześnie demistyfikując naukę języka, tak aby rodzice i nauczyciele mieli wgląd w realistyczny plan rozpoczęcia "własnej" rewolucji. Rewolucja dwujęzyczna to lektura obowiązkowa dla każdego rodzica, który chce zadbać o to, aby jego dziecko było gotowe na wejście w świat i na rynek pracy."

— dr. Angela Jackson, Założycielka,
Global Language Project

"Książka Jaumonta stoi u początków rodzącej się rewolucji dwujęzycznej, zmieniającej system szkolny Stanów Zjednoczonych i zadaje kluczowe pytanie, jak można tę rewolucję ulepszyć i zachęcić więcej osób do udziału. Jaumont opisuje rosnący entuzjazm dla edukacji wielojęzycznej i daje czytelnikom mapę ze wskazówkami dla społeczności, które chcą przyłączyć się do ruchu."

— dr. Connor Williams,
Starszy analityk, New America's Education Policy Program,
Założyciel, DLL National Work Group

"Ta wciągająca książka, opowiada historię edukacji dwujęzycznej w USA i sił społecznych, które kształtowały jej kształt, z perspektywy zarówno osobistej, jak i naukowej. Elementem kluczowym jest instrukcja „jak stworzyć" własną szkołę dwujęzyczną i własną rewolucję. Polecam jej lekturę wszystkim rodzicom, nauczycielom i wszystkim, którzy uważają, że języki są ważne"

— dr. Ellen Bialystok,
Odznaczona Orderem Kanady, Członek Royal Society of Canada,
Przewodnicząca Walter Gordon York Research in Lifespan Cognitive
Development, York University

"Fabrice Jaumont splata osobiste, polityczne i społeczne historie rozwijającego się ruchu dwujęzycznego w fascynującej, niezwykle ważnej książce, która łączy osobiste historie z praktyką i nauką o edukacji dwujęzycznej. To arcydzieło niezbędne dla rodziców i liderów edukacyjnych w Stanach Zjednoczonych i za granicą."

— dr. William P. Rivers,
Dyrektor, Joint National Committee for Languages, National Council
for Language and International Studies

"W naszej coraz bardziej połączonej, zminiaturyzowanej i niepewnej erze, szkoły na całym świecie starają się zapewnić młodzieży umiejętności, kompetencje i wrażliwość, tak aby młodzi ludzie mogli rozwijać się jako niezależni, zaangażowani, aktywni obywatele. Nauczanie i uczenie się języków oraz kultywowanie, tak zwanej, przewagi dwujęzycznej, rozwija się z wielką energią w szkołach, dużych i małych, w całych Stanach Zjednoczonych. Wszędzie tam, gdzie rodzice i nauczyciele szukają dobrego miejsca do nauczania dwujęzycznego. Rewolucja dwujęzyczna jest Waszą książką. To rzadkie osiągnięcie. Łączy temat nauki i nauczania, ale także tożsamości i kosmopolityzmu, z praktycznymi zastosowaniami i przykładami. Obowiązkowa książka dla każdego rodzica zainteresowanego tworzeniem i wspieraniem najlepszych programów dwujęzycznych w XXI wieku."

— dr. Marcelo M. Suárez-Orozco,
Wasserman Dean & Distinguished Professor of Education, UCLA,
Autor, *Global Migration, Diversity, and Civic Education:
Improving Policy and Practice*

"Jako prezes globalnej korporacji, wiem z doświadczenia, jak ważne jest opanowanie języków do komunikacji z menedżerami, klientami i konsumentami z całego świata. Jest to możliwe tylko dzięki znajomości wielu języków. Niesamowita książka pióra Fabrice Jaumont, Rewolucja dwujęzyczna, pokazuje, jakie korzyści może przynieść młodzieży, wsparcie edukacji wielojęzycznej. Autor pokazuje bardzo obiecujący trend w Stanach Zjednoczonych. Lektura dla wszystkich zainteresowanych przyszłościąedukacji."

— Bruno Bich,
Przewodniczący i Dyrektor generalny, BIC Group

POZOSTAŁE KSIĄŻKI FABRICE JAUMONT

Unequal Partners: American Foundations and Higher Education Development in Africa. New York, NY : Palgrave-MacMillan, 2016.

Rewolucja dwujęzyczna. Przyszłość jest w dwóch językach. Nowy Jork, NY: TBR Books, 2017. Dostępna również po arabsku, chińsku, francusku, niemiecku, rosyjsku, hiszpańsku.

Partenaires inégaux. Fondations américaines et universités en Afrique Paris : Éditions de la Maison des sciences de l'homme, collection "Le (bien) commun", 2018.

Stanley Kubrick: The Odysseys. New York, NY: Books We Live By, 2018

The Gift of Languages: Paradigm Shift in U.S. Foreign Language Education by Fabrice Jaumont and Kathleen Stein-Smith

Książka Fabrice Jaumont „Rewolucja Dwujęzyczna. Przyszłość edukacji jest w dwóch językach" opowiada o rzeczywistości edukacyjnej, w której powstał ruch rewolucji dwujęzycznej. Proces tworzenia oraz funkcjonowania programów dwujęzycznych opisanych przez autora uzależniony jest nie tylko od poziomu zaangażowania rodziców, szkoły czy wspólnoty, ale także od uwarunkowań administracyjnych i prawnych, regulujących system edukacji w Stanach Zjednoczonych. Z tego powodu, w książce przytoczonych jest wiele nazw instytucji czy funkcji publicznych, które nie mają swoich bezpośrednich odpowedników w polskim kontekście. W tłumaczeniu na język polski zachowałem wierność terminom użytym przez autora, jednocześnie starając się zapewnić jak najlepsze zrozumienie opisywanego kontekstu przez polskojęzycznych czytelników. Z tego względu, część nazw własnych została zachowana w oryginale, a część została przetłumaczone na język polski.

W celu zachowania jasności przekazu Jaumont oraz lepszego zrozumienia sytuacji, w której odbywa się rewolucja dwujęzyczna, należy podkreślić, iż w wielu miejscach autor nazywa opisywane programy - „dual language programs". W polskim wydaniu książki to sformułowanie zostało przetłumaczone jako „programy dwujęzyczne" (zazwyczaj nazywane w języku angielskim „bilingual programs"). W kontekście amerykańskiego systemu edukacji pojęcia „dual language" i „bilingual" są tożsame i opisują ten sam rodzaj edukacji. Jednakże, z powodów zależności historycznych, wyjaśnionych w książce, termin „bilingual" może być przez niektórych postrzegany negatywnie, dlatego też, jak wyjaśnił autor, by uniknąć kontrowersji, ruch rewolucji dwujęzycznej często używa sformułowania „dual language".

Ponad to, chciałbym zaznaczyć, iż Jaumont opisuje dwa rodzaje programów, używając angielskiego terminu „one-way programs" oraz „two-way programs". Sformułowania te zostały opisane w języku polskim jako programy „jednostronne" oraz „dwustronne". Autor szczegółowo wyjaśnia ich charakterystykę w poszczególnych rozdziałach oraz tłumacząc korzyści płynące z każdego z nich.

Pomimo różnic w systemach edukacji, mam nadzieję, że polskojęzyczni czytelnicy znajdą w tej publikacji źródło inspiracji do zakładania, tworzenia i rozprzestrzeniania programów nauczania dwujęzycznego, w Polsce i na całym świecie.

Piotr Dudek

SPIS TREŚCI

Do napisania tej książki, zainspirowała praca, którą włożyłem we wspieranie rozwoju edukacji językowej w publicznych szkołach amerykańskich, od późnych lat 90-tych. Przeprowadziłem się do Stanów Zjednoczonych w 1997 roku, aby pracować jako wysłannik edukacyjny konsulatu francuskiego w Bostonie, co dało mi możliwość odwiedzenia wielu szkół, rozsianych po całym kraju. Po raz pierwszy zetknąłem się ze szkołami immersyjnymi w Massachusetts. Jako dla obywatela Francji, programy te od razu przykuły moją uwagę, ponieważ oferowały imersyjne programy w języku francuskim od przedszkola, aż po liceum, dzieciom w Stanach Zjednoczonych, które nie miały szczególnych powiązań ani z językiem francuskim, ani z krajami francuskojęzycznymi. Co ważniejsze, programy te były dostępne w bezpłatnych szkołach publicznych, dostępnych dla każdego ucznia i dla każdej rodziny. Obserwowanie, jak uczniowie stawali się ekspertami w moim własnym języku, stając się dwujęzyczni, wywarło na mnie ogromne wrażenie.

Przez lata, dwie francuskie immersyjne szkoły podstawowe w Massachusetts wykształciły tysiące, tysięcy uczniów. Te szkoły, wraz z pedagogami oraz rodzicami, którzy je wspierali, do dziś nie przestają mnie inspirować i miały znaczący wpływ na moje własne życie, jak i karierę. Niedługo po odwiedzeniu tych szkół, zostałem dyrektorem prywatnej, międzynarodowej szkoły w Bostonie, gdzie zarządzałem wymagającym, międzynarodowym programem dwujęzycznym. Rodziny dzieci, które były uczniami tej szkoły, były przekonane, że program nauczania i podejście skupione na języku, mają potencjał dać ich dzieciom życiowe umiejętności oraz otworzyć im wiele możliwości. Tak jak ja, byli oni przekonani o niesamowitych korzyściach dwujęzyczności i zdeterminowani, by przekazać swoim dzieciom dar drugiego języka.

Przeprowadziłem się do Nowego Jorku zaraz przed zamachami z września 2001 roku, aby objąć stanowisko Attaché edukacyjnego Ambasady Francji, które zajmuję do dziś. Moja praca polega na współpracy z wieloma szkołami, liderami, nauczycielami, grupami rodziców oraz organizacjami wspólnotowymi. Razem stworzyliśmy inicjatywę, która doprowadziła do powstania pierwszego francusko-angielskiego dwujęzycznego programu nauczania w szkołach publicznych w Nowym Jorku. Ponad to, byłem zaangażowany w

i

tworzenie podobnych inicjatyw, które doprowadziły do powstania dwujęzycznych programów w języku japońskim, niemieckim, włoskim i rosyjskim. W 2014 roku nasza działalność przyciągnęła uwagę różnego rodzaju mediów, w tym New York Times'a, który opublikował artykuł dotyczący rozwoju programów dwujęzycznych w Nowym Jorku, podkreślając ich pozytywny wpływ na szkoły publiczne, jak i na ich wspólnoty. W wyniku tych publikacji, rozgorzała interesująca debata na temat znaczenia nauczania języków obcych w Stanach Zjednoczonych oraz słuszności wczesnego poznawania języka. Ta debata oraz kwestie, poruszone przez rodziców z różnych wspólnot lingwistycznych, zachęciły mnie do napisania tej książki.

Jako ojciec dwóch dwukulturowych i bilingwalnych córek, które kształcą się w programie dwujęzycznym w szkole publicznej na Brooklynie, jestem głęboko przywiązany do idei edukacji dwujęzycznej, jako sposobu na zachowanie dziedzictwa kulturowego i nauczenie się drugiego języka. Książka ta jest skierowana do rodziców. Daje im wiedzę i wsparcie we wprowadzaniu dwujęzycznego nauczania, w ich społecznościach oraz szkołach. Dlatego też, są w niej zawarte jasne wskazówki dla rodziców chcących podjąć się takiej inicjatywy – sugestie kroków, przykłady i historie rodziców oraz pedagogów, którzy postanowili obrać podobną ścieżkę.

Zarówno poprzez moje badania, jak i doświadczenia zawodowe i prywatne, odkryłem, że dzieci, czerpią z wychowania dwujęzycznego korzyści szersze, niż tylko znajomość innego języka, takie jak lepsze rozumienie innych kultur, innych osób, a nawet samych siebie. Co więcej, zaobserwowałem, że poznawcze, emocjonalne i społeczne korzyści bycia dwujęzycznym i wielokulturowym, nie powinny być ograniczone tylko do szkół prywatnych oraz tych osób, które są w stanie do nich uczęszczać. Moim zdaniem, edukacja dwujęzyczna jest ważnym dobrem wspólnym, które powinno być powszechnie rozwijane, jako mające pozytywny wpływ na dziecko, rodzinę, szkołę, społeczność, a nawet kraj. To właśnie z tym przekonaniem, oraz wiarą, iż rodzice są w stanie wprowadzić znaczące zmiany, dzielę się tą książką, w nadziei, że w szkołach na całym świecie powstanie więcej dwujęzycznych programów nauczania.

Fabrice Jaumont, 21 sierpnia 2017, Nowy Jork, NY

PODZIĘKOWANIA

Ta książka nie powstałaby, gdyby nie wsparcie oraz zachęta wielu osób i organizacji. Chciałbym wyrazić szczególną wdzięczność wszystkim osobom, które poświęciły mi swój czas poprzez udzielanie wywiadów, udostępnianie informacji, dzielenie się wiedzą, pasją, znajomością tematów poruszanych w książce, oraz przez podtrzymywanie płomienia rewolucji dwujęzycznej. Za to wszystko, za ich gotowość do wsparcia na wielu etapach, chciałbym wyrazić szczególne podziękowania:

Marty Abbott, Mary Acosta, Maha Afifi, Ria Aichour, Carine Allaf, Debbie Almontaser, Tamara Alsace, Michele Amar, Gabrielle Amar-Ouimet, Anna Cano Amato, Shareen Anderson, Ana Ines Ansaldo, Gérard Araud, Carmen Asselta, Laetitia Atlani-Duault, Laurent Auffret, Milady Baez, Corinne Bal, Lena Barbera-Johnson, Isabelle Barrière, Gretchen Baudenbacher, Antonin Baudry, Celine Beloeil, Franck Benayoun, Alessandra Benedicty, Anne Benoit, Adrienne Berman, Lenore Berner, Vanessa Bertelli, Anne Berthelot, Ellen Bialystok, Bruno Bich, Josée Bienvenu, Edith Boncompain, Piera Bonerba, Habiba Boumlik, Claire Bourgeois, Marie Bouteillon, Iwona Borys, Gilles Bransbourg, Alexis Buisson, Gracie Burke, Therese Caccavale, Talcott Camp, Richard Carranza, Robert Celic, Karyn Chemin, Lanny Cheuck, Joelle Ciesielski, Andrew Clark, Karl Cogard, Elisa Conigliaro, Ilaria Costa, Earlene Cruz, Jonas Cuénin, Elizabeth Czastkiewizc, Elizabeth Rose Daly, Caroline Daoud, Bénédicte de Montlaur, Virgil de Voldère, Merilla Deeb, Jean-Cosme Delaloye, François Delattre, Katie Dello Stritto, Anaïs Digonnet, Carmen Dinos, Verena Dobnik, Karin Dogny, Fabienne Doucet, Jean-Claude Duthion, Louis Duvernois, Joseph Dunn, Jont Enroth, Gérard Epelbaum, Anne-Laure Faillard, Carmen Fariña, André Ferrand, Martina Ferrari, Yuli Fisher, Nelson Flores, Tara Fortune, Heather Foster-Mann, Jesus Fraga, Naomi Fraser, Ofelia Garcia, Banafche Garnier, Muriel Gassan, Giselle Gault-McGee, Hélène Godec, Kevin Goetz, Enrique Gonzalez, Vartan Gregorian, Francois Grosjean, Tommi Grover, Anne-Sophie Gueguen, Bruce Hale, Skip Hale, Phillip Hall, Terri Hammat, Vanessa Handal, Mary Ann Hansen, Robert Hansen, Alan and Catherine Harper, Elisabeth Hayes, Carol Heeraman, Gaby Hegan, Hannah Helms, Christine Hélot, Annie Heminway, Juliette Hirsch, Vanessa Hradsky,

iii

Peep Hughes, Sandrine Humbert, Marion Hurstel, Sandrine Isambert, Olga Ilyashenko, Angelica Infante, Angela Jackson, Maria Jaya, Jillian Juman, Olga Kagan, Hee Jin Kan, Soumountha Keophilavong, Celine Keshishian, Jack Klempay, Tatyana Kleyn, Maria Kot, Jennifer Kozel, Thierry Roland Kranzer, Thomas Kwai, Nari Kye, Anne Lair, Mathilde Landier, Sophie Larruchon, David Lasserre, Annie Le, Benoit Le Devedec, Virginie Le Lan, Alessia Lefebure, Annique Leman, Irene Leon, Olga Liamkina, Diana Limongi,, Evelyn Lolis, Susan Long, Marcello Lucchetta, Sean Lynch, Chantal Manès, Laurent Marchand, Gaétan Mathieu, Marc Maurice, Jennifer Mazigh, Hélène Maubourguet, Mimi Met, Thomas Michelon, Yumi Miki, Jeffrey Miller, Jean Mirvil, Belinda Mondjo, Christophe Monier, Oisín Muldowney, Monica Muller, Kaye Murdock, Tomoko Nakano, Florence Nash, Martina Nerrant, Naomi Nocera, Sophie Norton, Sandie Noyola, Toby Oppenheimer, Bahar Otcu-Grillman, David Ouimet, Nilda Pabon, Daniel and Ailene Palombo, Lucia Pasqualini, Marie Patou, Guénola Pellen, Danielle Pergament, Jayme Perlman, Catherine Pétillon, Joy Peyton, Andrea Pfeil, Magali Philip, Catherine Poisson, Kim Potowski, Florence Poussin, Stefania Puxeddu, Dana Raciunas, Blake Ramsey, Olivia Jones Ramsey, Jeannie Rennie, Luis Reyes, Nancy Rhodes, Pascale Richard, Zachary Richard, Kareen Rispal, William Rivers, Joseph Rizzi, Gregg Roberts, Ana Roca, Nicky Kram Rosen, Rita Rosenback, Linda Rosenbury, Alfred and Jane Ross, Keith Ryan, Emmanuel Saint-Martin, Maria Santos, Harriet Saxon, Clémence Schulenburg, Julia Schulz, Kirk Semple, Marie-Pierre Serra-Orts, Beth Shair, Tina Simon, Elisa Simonot, Lea Joly Sloan, Olivier Souchard, Jack Spatola, Julia Stoyanovich, Ircania Stylianou, Marcelo Suárez-Orozco, Robin Sundick, Claire Sylvan, Véronique Sweet, Aya Taylor, Mary-Powell Thomas, Christelle Thouvenin, Paul Robert Tiendrébéogo, Annie Vanrenterghem-Raven, Yalitza Vasquez, Raymond Verdaguer, Louise Alfano Verdemare, Nancy Villarreal de Adler, Pierre Vimont, Cécile Walschaerts, Shimon Waronker, Katrine Watkins, Sylvia Wellhöfer, Katja Wiesbrock-Donovan, Conor Williams, Alicja Winnicki, Ron Woo, Li Yan, Mika Yokobori, Brian Zager, Zeena Zakharia, Donna Zilkha, and Amy Zimmer.

Chciałbym również podziękować Margaret Liston za jej niesamowity talent i wytrwałość w korekcie wielu wersji tej książki. Wreszcie, chciałbym podziękować Drace Hale, mojej 83 letniej „amerykańskiej mamie", której dokładne, słowo po słowie, linijka po linijce, korekty kolejnych wersji tekstu nadały jasność i przejrzystość myślom, które chciałem przekazać. Podziękowania należą się również mojej żonie, Nathalie i moim córkom, Cléa i Félice, jak również mojej rodzinie i przyjaciołom we Francji i w Stanach Zjednoczonych, za podtrzymywanie mnie na duchu i dawanie siły do dokończenia tego projektu.

Edukacja dwujęzyczna: przełomowe działania rodziców i społeczności

Ofelia García

K siążka ta stanowi istotny głos w dyskusji na temat edukacji dwujęzycznej, ponieważ koncentruje się na tematach często pomijanych, takich jak ważna rola rodziców, o różnym pochodzeniu etnolignwistycznym, którzy kształtują edukacje swoich dzieci w Stanach Zjednoczonych. Zazwyczaj, książko i edukacji dwujęzycznej są kierowane do nauczycieli, a niewiele uwagi poświęca się temu, w jaki sposób rodziny mogą działać, aby szkoły publiczne tworzyły programy edukacji dwujęzycznej. Najważniejszym aspektem historii przedstawionej przez Fabrice Jaumont jest pragnienie amerykańskich rodzin, aby ich dzieci mogły korzystać z kształcenia dwujęzycznego, w języku angielskim i w swoim jeżyku ojczystym. W przeciwieństwie do przeważającej opinii, rodziny amerykańskie o różnym pochodzeniu etnolingwistycznym interesują się tworzeniem programów edukacji dwujęzycznej dla swoich dzieci.

Rząd federalny i departamenty edukacji publicznej postrzegają używanie języków innych, niż angielski w edukowaniu amerykańskich dzieci z pewną rezerwą. Mimo tego podejścia, amerykańskie rodziny z klasy średniej angażują się w to, co Fabrice Jaumont nazywa rewolucją, rewolucją oddolną przeprowadzaną przez osoby. które doceniają wartość dwujęzyczności, jako integralnej części swojej amerykańskiej tożsamości. W tym tkwi wartość książki Jaumont - przypomina nam, że edukacja dwujęzyczna jest tradycją amerykańską, tradycja ta jednak zawsze była wiąże się z wieloma napięciami, kontrowersjami i zmaganiami, jak tłumaczę w poniższych akapitach.

Książka Fabrice Jaumont ilustruje dwujęzyczną tradycję edukacyjną i przypomina nam, że wszyscy Amerykanie - ci o różnej tożsamości rasowej, innej przynależności do klasy społecznej i imigracyjnej - mają różne praktyki językowe i kulturowe. Przedstawieni w książce amerykańscy rodzice, których dzieci dziedziczą tradycje językowe z arabskiego, chińskiego, angielskiego, francuskiego, japońskiego, włoskiego, niemieckiego, polskiego, rosyjskiego, hiszpańskiego, uważają to dziedzictwo za istotne. Dla tych rodziców edukacja dwujęzyczna jest ważna, nie ze względu na związek z przeszłością lub dalekim krajem, ale z powodu uznania wielojęzyczności amerykańskiej teraźniejszości oraz ich woli do stworzenia lepszej przyszłości dla wszystkich amerykańskich dzieci.

W tym ruchu odnajduję zarówno tradycję amerykańskiej edukacji dwujęzycznej, jak i sprzeciw wobec niej. Analizując sposób, w jaki edukacja dwujęzyczna była postrzegana w drugiej połowie XX wieku, opisuję powody, dla których książka Jaumont proponuje zwrot o 180 stopni w tej kwestii. Zamiast rozpoczynać od rządowych ustaw i rozporządzeń, skupiających się tylko na tych, którym brak - brak angielskiego, brak wystarczającej liczby lat pobytu, brak środków ekonomicznych - Jaumont proponuje, abyśmy zaczęli od pragnień społeczności etnolingwistycznych (starych i nowych) stworzenia dwujęzycznego kształcenia. Dwujęzyczne programy edukacyjne, które Jaumont przedstawia w tej książce, są tworzone ze względu na dzieci oraz z powodu zapału ich rodziców i społeczności w temacie edukacji. Takie działania nie są łatwe. Droga do osiągnięcia sukcesu jest długa, pełna zakrętów, podważająca dominację angielskiego w szkołach publicznych. Najważniejszym elementem książki Jaumont są zawarte w niej wskazówki, które autor przekazuje rodzinom. Jego plan działania może pomóc wszystkim zainteresowanym w nawigowaniu tego procesu, wytyczającego nową ścieżkę, co Antonio Machando, hiszpański poeta, opisywał jako „camino al andar".

Tradycja amerykańskiej edukacji dwujęzycznej i jej opozycji

Przez cały XVIII wiek społeczności niemieckojęzyczne w Pensylwanii i Ohio tworzyły szkoły, w których język niemiecki był używany, jako język nauczania (Crawford, 2004, García, 2009). Szkoły te rozwijały się w XIX wieku i coraz bardziej przypominały dzisiejsze programy dwujęzyczne. Na przykład w drugiej połowie XIX wieku dzieci w Cincinnati dzieliły swój szkolny tydzień, między nauczyciela angielskiego i niemieckiego. W roku 1837, na rok przed otwarciem w St. Louis, pierwszej, wyłącznie angielskiej szkoły publicznej, utworzono niemiecko-angielską szkołę publiczną. W drugiej połowie XIX wieku, w dwujęzycznych szkołach publicznych w St. Louis, jedna czwarta uczniów nie była pochodzenia niemieckiego, co przypomina zjawisko, które dzisiaj nazywamy „dwustronnym" programem dwujęzycznym. Był to rodzaj edukacji dwujęzycznej, w której uczniowie mniejszości etnolingwistycznych i większości angielskojęzycznych kształcą się wspólnie, aby rozwinąć dwujęzyczność.   Pomimo tego, pod koniec XIX wieku, St. Louis zakończyło swoją politykę edukacji dwujęzycznej, ograniczając nauczanie niemieckiego do publicznych szkół średnich.

Sprzeciw wobec amerykańskiej tradycji edukacji dwujęzycznej również nie jest nowy. Od samego początku ci, którzy byli uważani za nie-białych – czyli rdzenni Amerykanie i zniewoleni Afrykanie - nie mieli prawa zabrania głosu. Ich praktyki językowe zostały stłumione, a następnie unicestwione i wyłączone z edukacji. Traktat z Guadalupe Hidalgo (1848 r.), który zakończył wojnę meksykańsko-amerykańską, sprawił, że hiszpański pojawił się na terytorium ówczesnych Stanów Zjednoczonych (które obejmowały dzisiejszą: Kalifornię, Arizonę, Teksas, Nevadę, Nowy Meksyk, Utah oraz części stanu Kolorado i Wyoming). W 1874 r., na terenie, który stał się terytorium Nowego Meksyku (obejmującym dzisiejszą Arizonę i Nowy Meksyk), tylko pięć procent szkół było prowadzone wyłącznie w języku angielskim. Piętnaście lat później, w 1889 roku, odsetek ten wzrósł do czterdziestu dwóch procent (del Valle, 2003). Nauczanie wyłącznie w języku angielskim stało się normą w szkołach w Nowym Meksyku pod koniec XIX wieku. Kiedy Kalifornia stała się stanem w 1850 roku, ogłoszono, że szkoły będą kształciły w języku angielskim i hiszpańskim. Jednak, pięć lat później język angielski został uznany za jedyny język nauczania

(Castellanos, 1983). W ten sposób chciano zatrzymać rozwój hiszpańskiego na terytorium USA musiał zostać zatrzymany. Przez cały XIX wiek, nie-biali Amerykanie byli słabo wykształceni (jeśli w ogóle), w segregowanych jednojęzycznych, angielskich szkołach, narzędziu, które znacząco przyczyniło się do wymarcia języków innych, niż angielski w Stanach Zjednoczonych.

Sprzeciw wobec edukacji dwujęzycznej i nauczania języków osób uważanych za "innych", stopniowo rozszerzył się na wszystkie grupy etnolingwistyczne. Po nabyciu w Luizjany, w 1803 roku, szkoły w tym regionie kształciły w języku francuskim i angielskim. W 1921 r. konstytucja stanowa Luizjany wymagała, aby wszystkie szkoły publiczne nauczały tylko po angielsku (del Valle, 2003). Bardzo zróżnicowane zwyczaje językowe Szwedów, Ukraińców, Finów, Litwinów, Polaków, Słowaków, Greków, Rosjan, Włochów i Żydów stały się podejrzane, gdy imigracja wzrosła na przełomie XX wieku. Prezydent Theodore Roosevelt, na fali negatywnych nastrojów, w 1915 r. powiedział, że "nie byłoby to tylko nieszczęściem, ale nawet zbrodnią, żeby utrwalać różnice językowe kraju" i zarządził, aby imigranci, którzy nie uczyli się angielskiego w ciągu pięciu lat, wrócili do swoich krajów (cytat za Castellanos, 1983, s. 40). Kiedy Niemcy stały się wrogiem Stanów Zjednoczonych, podczas pierwszej wojny światowej, język niemiecki również został uznany za podejrzany. Edukacja dwujęzyczna została porzucona, a nauka języków uznanych za "obce" została ograniczona. W 1923 r., kiedy Sąd Najwyższy Stanów Zjednoczonych uchwalił restrykcyjne prawa językowe w trzech stanach w rezultacie sporu sądowego Meyer przeciwko Nebrasce, trzydzieści cztery stany zakazały używania języków innych niż angielski do celów kształcenia (Crawford, 2004, García, 2009).

Publiczna edukacja dwujęzyczna skierowana do społeczności etnolingwistycznych, nie powróciła szybko. Po zniesieniu restrykcyjnych praw, grupy etnolingwistyczne dysponujące niezbędnymi środkami ekonomicznymi stworzyły szkoły „uzupełniające", funkcjonujące w weekendy lub po zajęciach szkolnych, które oferowały zajęcia wspierające język i kulturę. Niektóre społeczności były w stanie rozwijać niepubliczne szkoły dwujęzyczne. Na przykład Epstein (1977) twierdzi, że do 1940 roku społeczność francusko-amerykańska posiadała w sumie 249 szkół dwujęzycznych "po części angielskich, po części francuskich, a po części równych (Epstein, 1977, s. 37). Pomimo kilku udanych inicjatyw, grupy mniejszości językowych, które zostały poddane rasistowskiej próbie skolonizowania – czyli rdzenni Amerykanie, Amerykanie z Meksyku i inni Latynosi - nie mieli wystarczających środków ekonomicznych, ani siły politycznej do ustanowienia własnych szkół dwujęzycznych.

Odrodzenie amerykańskiej tradycji edukacji dwujęzycznej

W okresie Ruchu praw obywatelskich, społeczność latynoamerykańska wzywała do stworzenia edukacji dwujęzycznej, nie tylko jako sposobu wychowywania dzieci, ale także jako "środka do realizacji obietnicy równego obywatelstwa" (Del Valle, 1998, s. 194). Ich postulaty wspierały radykalne, latynoskie organizacje polityczne, takie jak Brown Berets i Young Lords, którzy postrzegali edukację dwujęzyczną jako sposób na kontrolowanie społeczności i poprawę sytuacji ekonomicznej społeczności latynoamerykańskiej (Flores, 2016, Flores i García, w przygotowaniu). Ale to, co społeczność latynoamerykańska otrzymała, było czymś zupełnie innym.

W 1965 roku, w ramach wojny z ubóstwem prowadzonej przez prezydenta Lyndona Johnsona, przyjęto Ustawę o podstawowej j i średniej edukacji (ESEA). Trzy lata później, w 1968 r., ESEA została ponownie przyjęta i zmieniona, włączając artykuł 7, ustawy o edukacji dwujęzycznej. Ustawodawstwo zapewniło fundusze okręgom szkolnym, które otwierały programy dwujęzyczne dla uczniów, nie mówiących po angielsku. Byli to wtedy głównie, Meksykanie i Puertorykańczycy, ale także rdzenni Amerykanie, rdzenni Hawajczycy i mieszkańcy Alaski. Edukacja dwujęzyczna wróciła do szkół publicznych w nowej formie, ograniczonej do tych, którzy uznawani byli przez rząd federalnych za "Limited English Proficient". Jednakże, ta nowa forma nie odpowiadała potrzebom różnych społeczności etnolingwistycznych, którym miała pomagać.

Ostatecznie, finansowane przez władze federalne programy, zaczęły być definiowane jako przejściowe, a język inny niż angielski służył tylko do „korekty" braku angielskiego. Od początku, istniało napięcie między wspólnotami etnolingwistycznymi, które upierały się, że chcą edukacji dwujęzycznej dla swoich dzieci, mimo że były one już dwujęzyczne.

Tamtejsze zaszłości utrwaliły na pół wieku istniejące zamieszanie i niekończące się ataki.

Rząd federalny oczekiwał, że środki zostaną wykorzystane wyłącznie na przejściową edukację dwujęzyczną. Niemniej, rejony szkolne, głównie z latynoskimi i rdzennymi Amerykanami wychowawcami i uczniami, ale także z innymi społecznościami etnolingwistycznymi, wykorzystywały swoje dwujęzyczne programy do pomocy rodzinom, które różniły się stopniem dwujęzyczności. Ataki na rozwój tych dwujęzycznych programów edukacyjnych, były błędne. Podsumowanie, które przedstawił prezydent Ronald Regan, krótko po objęciu urzędu, szybko stało się opinią większości.

Było to całkowitym błędem oraz wbrew amerykańskim wartościom, aby tworzyć programy edukacji dwujęzycznej dla uczniów, dedykowane zachowaniu języka ojczystego, prowadzące do nieadekwatnej znajomości języka angielskiego, by mogli potem uczestniczyć w rynku pracy (cytowane za García, 2009).

Stopniowo, fala przeciwko edukacji dwujęzycznej zmieniła się nawet w stanach, które wcześniej ją wspierały. Na przełomie XX i XXI wieku, trzy stany - Kalifornia, Massachusetts i Arizona - oświadczyły, że edukacja dwujęzyczna jest nielegalna, a dwujęzyczne programy edukacyjne w całym kraju zaczęły się zamykać (Menken i Solorza, 2014). Wiele dwujęzycznych programów edukacyjnych, zostało zastąpionych programami wyłącznie w języku angielskim, niektóre zostały przemianowane na programy „English as a second language", a jeszcze inne jako „sheltered English" dla uczniów o słabszej znajomości angielskiego. Amerykańska tradycja dwujęzyczna, na nowo interpretowana przez rząd i władze oświatowe, została podporządkowana jednojęzycznej nauce w języku angielskim.

Edukacja dwujęzyczna jako "dual-language"

Kiedy edukacja dwujęzyczna zwijała swoje żagle, zrodził się ruch, by uratować niektóre z programów pod inną postacią. Teraz nazywana, dwustronną edukacją dwujęzyczną lub dwukierunkowym programem zanurzenia w języku, w celu uniknięcia słowa "dwujęzyczność". Nowa propozycja wymagała, aby połowa uczniów była uczniami języka angielskiego, a druga połowa uczyła się języka innego niż angielski (Lindholm-Leary, 2011). Ten dwukierunkowy ruch dwujęzyczny, zbiegł się z komercjalizacją dwujęzyczności, w coraz bardziej zglobalizowanym świecie. Ale w sposób, w jaki zostały stworzone, te nowe programy dwujęzyczne zmagały się z kontrowersjami. Kierując swoją ofertę do białych, jednojęzycznych użytkowników języka angielskiego, pomijały zupełnie społeczności etnolingwistyczne, które nadal pragnęły rozwoju programów dwujęzycznych dla swoich dzieci (Valdés, 1997). Kontrowersje wzbudziły także regulacje obowiązujące w wielu rejonach szkolnych, w których 50% uczniów musiało należeć do jednej grupy językowej, a 50% do drugiej. Społeczności, zwłaszcza te posegregowane rasowo, których model nadal dominuje w USA, nie są złożone z takiej samej liczby uczniów, o różnym pochodzeniu. Ponadto, niektóre mniejszościowe społeczności etnolingwistyczne, czuły się oszukane wprowadzeniem nauczania dwujęzycznego, ponieważ obecnie 50% miejsc musiało być wypełnionych przez tych, którzy już mówili po angielsku.

Po pewnym czasie, niektóre społeczności opracowały coś, co stało się znane jako jednostronne programy dwujęzyczne, które były przeznaczone tylko dla jednej nie-angielskiej grupy etnolingwistycznej. Kilka rejonów szkolnych rozpoczęło programy immersyjne, w językach takich jak mandaryński, hiszpański, francuski, francuskim dla swoich anglojęzycznych uczniów. Mimo iż, programy dwujęzyczne dla białych, jednojęzycznych dzieci z klasy średniej są rzadkością, nie budzą kontrowersji. W przeciwieństwie, dwujęzyczna edukacja wspólnot etnolingwistycznych o odmiennym tle imigracyjnym lub rasowym, nadal budzi kontrowersje. Tak zwane jednostronne programy edukacji dwujęzycznej, wcześniej znane jako dwujęzyczne programy rozwoju, są wciąż postrzegane z nieufnością.

Zwyczaje językowe białych, jednojęzycznych Amerykanów, przedstawicieli klasy średniej są jedynymi legitymizowanymi w amerykańskich szkołach publicznych. Na skutego tego podejścia wszystkie inne praktyki językowe są stygmatyzowane. Zarówno jednostronne, jak i dwustronne programy dwujęzyczne nie zawsze pomagają w promowaniu dwujęzycznych zwyczajów Amerykanów. Wynika to z tego, że zostały one zbudowane w oparciu o pedagogikę immersyjną, która wspiera anglojęzyczne dzieci, pomijając zdolności językowe dzieci dwujęzycznych. W wielu dwujęzycznych programach, dwujęzyczność postrzegana jest jako odrębna kompetencja. Jednostronny pogląd na dwujęzyczność, opiera się na oficjalnych językach państw, a nie na zależnościach lingwistycznych mieszkańców. Osoby dwujęzyczne oraz ci, którzy stają się dwujęzyczni, korzystają ze wszechjęzyczności, to znaczy używają funkcji swojego jednolitego systemu językowego, aby skutecznie komunikować się i spełniać wymagania społeczne, które nazywamy językami – angielskim, francuskim, hiszpańskim, arabskim, chińskim, japońskim, włoskim i tak dalej (García i Li Wei, 2014; Otheguy, García i Reid, 2015). Jednak wiele dwujęzycznych programów edukacyjnych, zarówno dwustronnych, jak i jednostronnych, nie wykorzystuje całego zasobu komunikacyjnego dziecka, ograniczając jego wyrażanie do tylko do tych norm, które składają się na cechy standardowego języka angielskiego lub standardowego języka innego niż angielski. Praktyki językowe, które charakteryzują dwujęzyczność, często nie dorównują jednemu standardowemu językowi są stygmatyzowane, a dzieci nie mają możliwości ich eksplorowania. Programy dwujęzyczne, które działają w ten sposób, zwiększają tylko językową niepewność wszystkich dwujęzycznych dzieci. Ze względu na to, że nie odzwierciedlają one amerykańskich społeczności etnolingwistycznych i nie są przez nie kierowane, tego rodzaju ścisła interpretacja tego, co rozumiane jest jako oddzielne kompetencje dwujęzyczne, tylko przyczynia się do braku zaufania dzieci wobec ich dwujęzyczności.

Przełom w edukacji dwujęzycznej

Jak wspomniałam na początku, najważniejszym wkładem książki Fabrice Jaumont jest uznanie mocy drzemiącej w społecznościach etnolignwistycznych i ich pragnienie dwujęzycznego nauczania dla dzieci. Wraz z upływem czasu, edukacja dwujęzyczna przyjmuje zwrot, który prowadzi ją do punktu wyjścia. Książka Jaumont, pokazuje nam, w jaki sposób rodzice i społeczności wprowadzają te zmianę. W dziedzinie edukacji dwujęzycznej skoncentrowano się na tym, jak należy konstruować programy i jak nauczyciele powinni uczyć. Ale najważniejszy element edukacji dwujęzycznej, czyli społeczności etnolingwistyczne i rodzice, a zwłaszcza matki, które zawsze odgrywały tak ważną rolę w edukacji swoich dzieci, zostały całkowicie pominięte. Jest to książka, która kształci rodziców, aby stali się liderami edukacyjnymi, ukierunkowującymi rozwój dwujęzycznych programów edukacyjnych, które będą dobrze służyć ich społeczności i dzieciom. Te programy dwujęzyczne pozbawione są podejrzeń wobec praktyk językowych lub kulturowych wobec dzieci, które w nich uczestniczą. Z szacunkiem podchodzą do zasobów wiedzy, zgromadzonych w społeczności. Książka opowiada historię prawdziwych rodziców, którzy organizują społeczność i walczą o zmianę w dzisiejszej amerykańskiej edukacji. Widzimy, że partnerstwa budowane przez rodziców nie są wyłącznie między sobą lub z potężnymi organizacjami, ale także z innymi i innymi społecznościami, które mają podobne historie i doświadczenia w zmaganiach. Największą mocą, jaką się okazuje, są rodzice, zainteresowani i zaangażowani w dwujęzyczną edukację swoich dzieci. To nie jest zwykłe zaangażowanie rodziców, a nawet zaangażowanie, o którym mówi literatura edukacyjna. Chodzi o przywództwo rodziców, którzy wprowadzają zmiany w szkole. Dynamika jest odwrócona, ponieważ to właśnie społeczność przejmuje stery i nadaje kurs całej zmianie.

To ciekawe, że ta rewolucja rodzicielska jest przedstawiona w książce, jako wydarzenie w Nowym Jorku, "wielojęzycznym jabłku", gdzie Amerykanie zawsze posiadali różne praktyki językowe i kulturowe (García i Fishman, 2001). Interesujące jest również to, że to badacz francuskiego dziedzictwa w Stanach Zjednoczonych, który zaobserwował (i na wiele sposobów przewodził) tę rewolucję. Rola Jaumont w informowaniu rodziców na temat korzyści płynących z edukacji dwujęzycznej, a także we wspieraniu ich organizacji, była nieoceniona. Od samego początku wiedział, że tylko rodzice i społeczności mogą siłą napędową zmian. Przyszły sukces amerykańskich tradycji edukacji dwujęzycznej będzie zależał od silnej woli rodziców. Jednak sama silna wola to za mało, dlatego właśnie Jaumont w tej książce daje rodzicom plan, jak stworzyć i wspierać udane programy edukacji dwujęzycznej.

Jak pokazuje książka, ta przewodzona przez rodziców rewolucja w zakresie edukacji dwujęzycznej różni się w zależności od społeczności. W przeciwieństwie do dwujęzycznych programów dwujęzycznych zlecanych przez lokalne władze oświatowe, które są wykonane według jednego schematu, ta książka pozostawia projekt programów dla konkretnych społeczności. Oczywiście, te etnolingwistyczne społeczności muszą dostosować się do pewnych wymagań swoich szkolnych rejonów, ale sposoby, w jakie to robią, różnią się od siebie. W rzeczywistości, jednym z najważniejszych przesłań książki Jaumont jest to, że pomimo dzisiejszej, większej różnorodności etnolingwistycznej, możliwe jest rozwijanie i podtrzymywanie dwujęzycznych programów edukacyjnych w różnych społecznościach. Wysiłki społeczności arabskiej, chińskiej, angielskiej, francuskiej, japońskiej, włoskiej, niemieckiej, polskiej, rosyjskiej i hiszpańskojęzycznej przedstawione w tej książce były inne. Ich działania służyły nie tylko ich własnym interesom, ale także innym. Jaumont pokazuje nie tylko sukcesy rodziców, ale także ich zmagania i porażki, a także to, jak musieli dostosować się do nacisków politycznych i społecznych, aby przetrwać.

Jaumont zabiera nas w podróż, która oddaje stery tworzenia programów dwujęzycznych rodzicom i społecznościom, przypominając nam, że to właśnie od nich wszystko się zaczęło w XVIII, a także w XX wieku. Doświadczenie sugeruje, że tworzenie dwujęzycznych programów edukacyjnych od podstaw nie jest łatwe. Ale jest to ważna walka, która zawsze była częścią amerykańskiego etosu i dziś, jest rekultywowana przez społeczności w całym kraju. Ta książka, stanowi hołd złożony ciężkiej pracy rodziców i społeczności, którzy zawsze umożliwiali edukację dwujęzyczną, pomimo zmagań i przeciwności losy. Zwracając uwagę na ważną rolę kobiet w tej rewolucji – matek, nauczycielek, które zawsze były opiekunkami i wychowawczyniami – książka, przypomina nam, że przyszłość amerykańskich dzieci dwujęzycznych jest w dobrych rękach, które się nie zrezygnują ze swojej opiekuńczej i wspierającej roli, na rzecz szkolnej biurokracji.

Wezwanie do działania

Jak wyglądałby świat, gdyby każde dziecko mogło wychowywać się w dwujęzyczności? Rewolucja dwujęzyczna wkrótce pozwoli nam poznać odpowiedź na to pytanie. Dzięki pracy rodziców i pedagogów, na rzecz tworzenia dwujęzycznych programów nauczania, zmienia edukacyjne oblicze szkół, całych społeczności a nawet państw. Podczas ostatnich dwóch dekad, amerykańskie podejście do edukacji dwujęzycznej stopniowo odchodziło od nauczania polegającego na opanowaniu jednego obcego języka, które przeznaczone było dla non-native speakers danego języka, na rzecz dwujęzyczności – rozwoju językowego uwzględniającego kontekst kulturowy. To nowe podejście skłoniło społeczności posługujące się tym samym językiem do stworzenia programów bilingwalnych. Powstające programy przyciągnęły tysiące tysięcy rodzin, będących zwolennikami wielojęzyczności oraz wzbudziły zainteresowanie wśród rodziców, którzy żałowali, że w młodości nie mieli dostępu do tego rodzaju programów w swoich szkołach.

Mimo iż, początki edukacji dwujęzycznej w Stanach Zjednoczonych sięgają wczesnego XVII wieku, możemy obecnie zaobserwować rozwój trzech nowych tendencji. Pierwsza opowiada się za pielęgnowaniem dziedzictwa kulturowego rodzin oraz wspólnot językowych, za promowaniem ich spuścizny kulturowej, jako ważnej części mozaiki społecznej. Drugi trend, dotyczy współpracy między rodzicami a szkołą, zachęcając do owocnego dialogu między rodzicami oraz administracją szkolną czy specjalistami w dziedzinie edukacji. Trzecią tendencją jest stworzenie społecznego, ekonomicznego i kulturowego klimatu sprzyjającego poszanowaniu każdej osoby, pomagającego zniwelować dzielące nas nierówności.

Różni ludzie, różnie rozumieją edukację dwujęzyczną. Niektórzy pragną dostępu do języka angielskiego sądząc, że zapewnia on równe traktowanie. Inni z kolei, wolą podtrzymywać swoje dziedzictwo

1

kulturowe dzięki edukacji bilingwalnej. Jeszcze innych, interesuje korzystny wpływ dwujęzyczności na rozwój umiejętności poznawczych. Następni chcą poznać drugi, trzeci albo czwarty język ze względu na ogólne korzyści oraz późniejsze możliwości wykorzystania znajomości wielu języków na rynku pracy. Wszystkie te perspektywy mają wspólny cel: stworzenie wielojęzycznego społeczeństwa, z pełniejszym dostępem do języków i kultur. Jednym z głównych zadań tej publikacji jest zaprezentowanie i znalezienie powiązań między tymi poglądami tak, aby w konsekwencji stworzono więcej programów dwujęzycznych, dających więcej możliwości wszystkim dzieciom. Bycie dwujęzycznym nie jest ani czymś zbytecznym, ani przywilejem niewielu szczęśliwców. Bycie dwujęzycznym nie jest tematem tabu dla imigrantów, którym bardzo zależy, aby ich dzieci bezproblemowo stały się częścią nowego środowiska. Bycie dwujęzycznym jest nową normą, która musi zaistnieć wśród naszych najmłodszych obywateli. Poprzez zapewnianie dostępu do korzyści płynących z edukacji dwujęzycznej jak największej liczbie dzieci, będziemy mogli stworzyć swoisty „mechanizm społeczny" na miarę XXI wieku. Pozwoli on na dokonanie postępu w rozwoju naszych społeczeństw, poprzez zachęcanie poszczególnych środowisk do inwestowania we własne dziedzictwo językowe, poprzez zachęcanie szkół do skupienia się na edukacji językowej oraz poprzez wychowywanie nowych pokoleń dwujęzycznych obywateli świata.

Ta wizja zbudowana jest na przekonaniu, iż w momencie, gdy edukacja dwujęzyczna będzie dostępna dla każdego, w szkołach publicznych w całym kraju od przedszkola, aż po liceum – dzieci będą miały większą szansę na odniesie sukcesu, szkoły będą rozkwitać a wspólnoty rozwijać się. Co ważniejsze, istotą rewolucji dwujęzycznej jest to, iż stawia ona rodziców w centrum zmiany, bo to oni mają moc, aby zmienić kształt edukacji w swoich środowiskach.

Niektórzy rodzice, będący inicjatorami najnowszych programów dwujęzycznych, dzielą się swoimi doświadczeniami w tej publikacji, podkreślając korzyści płynące z mówienia i pisania w dwóch językach oraz z dwukulturowości. Proszą oni szkoły o pomoc w rozwoju zdolności wielojęzykowych, oraz o wspieranie nauki języków obcych od najwcześniejszych lat, w miarę możliwości poprzez metodę immersji. Motywacja tych rodziców wynika również z chęci podtrzymania własnego dziedzictwa językowego. Z tych powodów, zwracają się do szkół z prośbą, aby koncentrowały się na dziedzictwie językowym i kulturowym ich dzieci. Podczas gdy władze szkolne kształtują edukację dwujęzyczną tak, aby służyła ona większej liczbie dzieci i osiągała nowe cele, zadaniem tej książki jest wzmocnienie rodziców, by byli gotowi do dokonywania przełomowych zmian, tworząc inicjatywy nowych programów dwujęzycznych. Byłaby to ogromna korzyść dla każdego społeczeństwa, jeśli obywatele byliby gotowi do otwarcia swoich umysłów na świat – świat innych – poprzez naukę języków obcych oraz odkrywanie nowych kultur. Rewolucja dwujęzyczna opowiada historię oddolnego, obywatelskiego podejścia, możliwego dzięki wysiłkom rodziców, którzy pozytywnie przekształcili szkoły i społeczności, w niespotykane dotychczas środowiska dwujęzyczne.

Gdzie powinienem zacząć?

Aby odnieść sukces, rodzice powinni zebrać informacje na różne tematy dotyczące dwujęzyczności, edukacji bilingwalnej, zaangażowania środowiska szkolnego oraz tworzenia organizacji rodzicielskich. Powinni również zrozumieć potrzebę współpracy, która wymagana jest przy tworzeniu trwałych programów oraz pozyskać zaangażowanie szkolnych liderów, nauczycieli, jak i nieustające wsparcie rodziców na wszystkich poziomach. Poprzez świadome podejście oraz wrażliwość, rodzice i szkoły wdrażające te programy, będą mogli czerpać korzyści z różnorodności środowiska, w którym działają. Programy te zachęcają do wykorzystania różnorodności istniejącej wśród nauczycieli, tak aby włączali oni różnice językowe i kulturowe do stosowanych metod nauczania. Zaproponowany model edukacji, wspierający rozwój poznawczy i korzystnie wpływający na funkcjonowanie mózgu, jest w stanie przynieść znaczące korzyści dla naszych dzieci oraz społeczności. Kolejne rozdziały szczegółowo wyjaśniają wyciągnięte wnioski oraz przedstawią poszczególne kroki niezbędne do stworzenia programów dwujęzycznych.

Rewolucja dwujęzyczna pomyślana jest jako praktyczny i ogólnodostępny przewodnik dla rodziców i pedagogów. Przedstawia historię ruchu powstałego na Brooklynie, opowiedzianą przez pryzmat rodziców i pedagogów, którzy zainicjowali zajęcia dwujęzyczne w swoich szkołach. Rodzice ci byli przekonani, że edukacja dwujęzyczna jest dobrem wspólnym, które powinno być ogólnodostępne, ponieważ może mieć pozytywny wpływ na dziecko, szkołę, społeczność a nawet państwo.

Przedstawiony w tej książce plan działania daje czytelnikom wiedzę, wgląd do doświadczeń innych osób oraz narzędzia, niezbędne do stworzenia skutecznych programów dwujęzycznych. Te wskazówki zostały zebrane i przedstawione przez rodziców i pedagogów, aby inni, mogli tworzyć oraz rozwijać własne inicjatywy dwujęzyczne we wszystkich zakątkach świata. Zainspirowana duchem tego ruchu publikacja, przedstawia działania oraz wizję rodziców i pedagogów z Nowego Jorku, którzy dostrzegli wagę edukacji dwujęzycznej w nieustannie globalizującym się XXI wieku. Wysiłek i duch współpracy tej zmotywowanej grupy nadaje ton Rewolucji dwujęzycznej, po dziś dzień inspirując nowe inicjatywy w lokalnych społecznościach w Stanach Zjednoczonych oraz w innych zakątkach globu. Mimo iż, Nowy Jork jest tłem wydarzeń przedstawionych w książce, wierzę, że wskazówki w niej zawarte mogą zostać wykorzystane nie tylko w dużych ośrodkach miejskich.

Inspirująca historia sukcesu

Z połową populacji posługującą się w domu językiem innym niż angielski, Nowy Jork tworzy mikrokosmos stanowiący świetnie pasujące tło do wydarzeń tej książki. Nowy Jork jest idealnym ośrodkiem dla rewolucji dwujęzycznej. Jako miasto, w którym ponad 100 000 dzieci uczy się w 200 programach dwujęzycznych, Nowy Jork posiada ogromną społeczność różnorodnych językowo uczniów. Edukacja dwujęzyczna jest obecnie oferowana w wielu językach, w momencie powstawania publikacji są to: hiszpański, mandaryński, francuski, arabski, niemiecki, kreolski, włoski, japoński, rosyjski, bengali, polski, urdu, koreański oraz hebrajski. W książce przytoczonych jest wiele indywidualnych historii na temat tych programów. Co więcej, była Chancellor Carmen Fariña, która przez całą swoją karierę była zwolenniczką edukacji dwujęzycznej, jest obecnie przewodniczącą Nowojorskiego Departamentu Edukacji i wsparła rozwój programów dwujęzycznych w całym mieście[1]. Jej następca, Richard Carranza, z równie mocnym zaangażowaniem wspiera rozwój tych programów.

Wspólnota szkół dwujęzycznych w Nowym Jorku stara się promować programy immersyjne dla uczniów o różnym pochodzeniu. Poprzez wprowadzanie programów dwujęzycznych w szkołach publicznych, miasto zbiorowo zapewnia równy dostęp do dobrej jakości edukacji dwujęzycznej dzieciom o różnym pochodzeniu społeczno-ekonomicznym i etnicznym. Programy dwujęzyczne, istnieją w Nowym Jorku już od ponad dwudziestu lat i stopniowo, z powodzeniem zastępują tradycyjne modele edukacji dwujęzycznej, które skupiają się na nauczaniu imigrantów angielskiego.

Programy dwujęzyczne są zazwyczaj oferowane jako forma przejściowa, mająca na celu wsparcie uczniów, którzy nie są native speakers języka angielskiego. Realizują oni program nauczania właściwy dla ich wieku, a oceniani są w swoim języku ojczystym. To podejście dąży do ułatwienia uczniom zdobywania wiedzy zgodnie z obowiązującym programem nauczania, oraz pomaga im w nauce języka angielskiego. W ten sposób uczniowie oswajają się z metodami sprawdzania poziomu wiedzy, rozwijając umiejętność uczenia oraz mając szansę na czynny udział w życiu szkoły.

Prawo w wielu stanach USA zobowiązuje szkoły do tworzenia programów dwujęzycznych, jeśli w jednym roczniku, w tym samym rejonie szkolnym, zapisanych jest dwadzieścioro lub więcej uczniów z ograniczoną znajomością języka angielskiego, którzy posługują się tym samym językiem ojczystym[2]. W Nowym Jorku klasa dwujęzyczna musi być zorganizowana w momencie, gdy piętnaścioro uczniów mówi w tym samym języku ojczystym i uczy się w tej samej klasie, bądź jedną klasę wyżej lub niżej.

Poza Nowym Jorkiem

Podobne programy zostały stworzone w setkach miast w Stanach Zjednoczonych oraz na całym świecie. Historia rewolucji dwujęzycznej jest historią sukcesów, ale także i niepowodzeń, którymi dzielą się rodzice i pedagodzy na łamach tej książki. Różnorodność ich doświadczeń tworzy obraz strategii na miarę XXI wieku, która pomaga nie tylko zachowywać dziedzictwo językowe, ale i wychowywać nowe pokolenie dwujęzycznych i wielokulturowych obywateli świata.

Dzieci, tak samo jak dorośli, stanowią część tego ruchu, mającego na celu zachowanie językowych, kulturowych oraz historycznych więzi ze środowiskami etnolingwistycznymi. Wola stworzenia programów dwujęzycznych przetoczyła się przez szkoły jak burza i obecnie istnieje już w całych Stanach Zjednoczonych. W 2013 roku, 39 stanów oraz Dystrykt Kolumbii ogłosiły, iż wprowadziły jeden lub kilka programów dwujęzycznych[3]. Przewiduje się, że ta liczba będzie wzrastać ze względu na znaczący potencjał edukacji dwujęzycznej. Dlaczego? Ponieważ nasze dzieci są częścią kurczącego się świata, w którym języki służą jako narzędzie do zrozumienia innych ludzi oraz samych siebie. Nasze dzieci zasługują nie tylko na to, aby móc nawiązać relacje ze swoimi krewnymi i przyjaciółmi, ale również aby móc obcować z kulturą i historią innych osób. To podejście do nauki daje możliwość kształtowania szacunku, tolerancji oraz wzajemnego zrozumienia – wartości, które są podstawą pokoju na świecie.

Musimy wspierać i rozwijać domową dwujęzyczność, ale będzie to jedynie możliwe, jeśli nauka danych języków będzie dostępna w szkołach publicznych. Co więcej, wiele badań przytoczonych w tej książce dowodzi, że dzieci imigrantów, wychowywane w środowiskach, które cenią język ich rodziców, mają szanse szybciej nauczyć się oficjalnego języka danego kraju. Nauka w programie dwujęzycznym bardzo pomaga tym dzieciom. W dzisiejszym świecie, coraz więcej uczniów korzysta z programów dwujęzycznych w pełnym wymiarze obowiązujących godzin nauczania w szkołach publicznych i kończy szkołę będąc w pełni dwujęzycznymi i dwukulturowymi. Liczba wspólnot językowych, które dołączyły do Rewolucji dwujęzycznej cały czas rośnie, a przykłady przedstawione w tej książce są tego najlepszym dowodem.

Kilka ważnych uwag

Przed przejściem do głównego tematu tej książki, ważnym jest, aby podkreślić, że publikacja nie porusza wszystkich złożonych zagadnień dotyczących edukacji dwujęzycznej, szczególnie w kontekście edukacji publicznej w Stanach Zjednoczonych. Kwestie związane z rasą, ubóstwem, segregacją, klasowością oraz gentryfikacją długo wywierały i wciąż wywierają wpływ na rozwój edukacji dwujęzycznej oraz na szkoły publiczne w tym kraju. Musimy uważać, by programy nauczania dwujęzycznego nie były dostępne wyłącznie dla osób uprzywilejowanych, dlatego należy solidarnie współdziałać z mniejszościami, które mogą najwięcej zyskać dzięki tym programom, a stracić najwięcej na gentryfikacji swojej dzielnicy. Te kwestie powinny być przedmiotem bardziej szczegółowych badań, wykraczających poza zakres niniejszego opracowania. Opinie wielu naukowców oraz wyniki rzetelnych badań naukowych, cytowane w tekście oraz w bibliografii jako literatura uzupełniająca, pozwalają czytelnikom na zgłębianie problematycznych tematów oraz kwestii związanych z edukacją dwujęzyczną.

Korzyści z dwujęzyczności i wielokulturowości stają się coraz bardziej zrozumiałe dla badaczy. W ostatnich badaniach w szczególności podkreślony jest wpływ dwujęzyczności na wzmocnienie procesów poznawczych, krytycznego myślenia oraz wrażliwości na potrzeby innych ludzi i kultur, dlatego właśnie Rewolucja dwujęzyczna stara się zainspirować i zaangażować różne grupy rodziców do stania się dwujęzycznymi „rewolucjonistami". Te osoby nie powinny być jedynie zwolennikami edukacji dwujęzycznej, ale raczej prawdziwymi pionierami, gotowymi do rozpowszechniania korzystnej zmiany we własnym środowisku. Ich działania pozwolą na nowo uwierzyć w potencjał szkół publicznych, tym samym promując zaangażowane życie społeczne oraz wzajemne zrozumienie i szacunek dla mniejszości, jak i osób o różnym socjolingwistycznym i ekonomicznym pochodzeniu. To droga do wyjścia z błędnego koła, które sprawia, że dostęp do dobrej edukacji jest często uwarunkowany dochodami rodziny i statusem społecznym. Głosy rewolucjonistów, zarówno tych bardziej doświadczonych, jak i tych nowych, są zaprezentowane w tej książce, przeplatając się z ogólnym motywem Rewolucji dwujęzycznej: lepszej przyszłości dla naszych dzieci oraz dla naszego świata.

ROZDZIAŁ 1

Siła rodziców: Yes, You Can

N owo założone programy dwujęzyczne, na całym świecie, zawdzięczają znaczą część swojego sukcesu wysiłkom i silnej woli rodziców. W Stanach Zjednoczonych większość programów w dwujęzycznych powstała, ponieważ rodziny o nie prosiły lub były w stanie przekonać kierownictwo szkoły o ich zaletach. Rodzice od dawna są zwolennikami edukacji dwujęzycznej i wspierają wdrażanie programów dwujęzycznych, pomocą finansową, działaniami związanymi z gromadzeniem funduszy, wolontariatem. To nie jest fenomen istniejący wyłączenie w Stanach Zjednoczonych, istnieje wiele międzynarodowych przykładów programów, zainicjowanych przez rodziców zainteresowanych edukacją dwujęzyczną dla ich dzieci, po to, aby ich dzieci mogły nauczyć się nowego języka albo pielęgnować swój język ojczysty. To, co łączy wszystkie ruchy, to ogromna chęć rodziców do zapewnienia cennych umiejętności i korzyści swoim dzieciom, by mogły odnieść sukces w globalnym świecie.

Znając swoją moc

W przeszłości, zakładanie i wdrażanie dwujęzycznych programów nauczania w Stanach Zjednoczonych było bezpośrednim wynikiem pracy działaczy na rzecz praw obywatelskich, z których wielu było rodzicami, chcącymi upewnić się, że ich dzieci będą miały możliwość uczenia się w szkole i odniesienia sukcesu w społeczeństwie. Walczyli oni, by wygrać sprawy sądowe dla świeżo przybyłych imigrantów, którzy w latach siedemdziesiątych i osiemdziesiątych niezbyt dobrze znali angielski[4]. Ci rodzice udowodnili, że ich dzieci mają prawo do edukacji dwujęzycznej, domagając się nauczania w języku ojczystym oraz podkreślając wady wynikające z edukacji jednojęzycznej dla uczniów, którzy uczyli się języka angielskiego jako drugiego języka. Dzięki pionierskiej pracy tych aktywistów, rodzice w Stanach Zjednoczonych mają teraz prawo do wyboru języka programu dla swoich dzieci, pod warunkiem, że wystarczająco dużo rodziców w ich społeczności poprosi o stworzenie klasy.

Liczba historii sukcesu grup rodzicielskich na całym świecie, które wykorzystały swoją siłę nacisku do stymulowania tworzenia programów dwujęzycznych jest naprawdę wysoka. We Francji, gdzie edukacja dwujęzyczna jest silnie regulowana przez rząd, programy dwujęzyczne zaczęły pojawiać się na początku 2000 roku z powodu presji ze strony oddolnych stowarzyszeń, promujących takie programy, na początku w prywatnych, a potem w publicznych szkołach[5]. W Irlandii, mimo że rząd wspierał nauczanie języka irlandzkiego jako drugiego języka, to rodzice walczyli o dwujęzyczne programy w języku irlandzkim i angielskim w całym kraju - nawet poza terytorium Gaeltacht, gdzie język irlandzki jest nadal używany w życiu codziennym[6]. W Kanadzie organizacja o nazwie "Canadian Parents for French" stała się istotną siłą dla rozwoju programów dwujęzycznych w całym kraju, organizując kampanie wsparcia i publikując raporty na temat kwestii takich jak, równy dostęp do programów językowych, stworzenie programów dla uczniów dwujęzycznych oraz polepszenie perspektyw zatrudnienia dla pracowników dwujęzycznych[7].

Jeśli rodzice dobrze się organizują i utrzymają swoją determinację, nawet w obliczu poważnych wyzwań, mogą stać się siłą, która ma szanse wpłynąć na kształt edukacji. Mają potencjał do tworzenia programów dwujęzycznych dla dzieci z różnych środowisk społeczno-ekonomicznych i etnicznych. Jednak, jak wszyscy wiemy, rodzice nie są jedynymi podmiotami zaangażowanymi w społeczności edukacyjnej. Dlatego też, rodzice muszą często współpracować z innymi osobami zaangażowanymi, na poziomie szkoły i całej wspólnoty, aby móc stworzyć udany program dwujęzyczny. Czasami trudno jest zdobyć poparcie dyrektorów, nauczycieli i administracji, którzy często nie są dwujęzyczni i niekoniecznie posiadają wiedzę na temat edukacji dwujęzycznej. Mówiąc wprost, ciężar przekonywania administracji szkół i nauczycieli o zalety tych programów, często spada na rodziców. Były nowojorski dyrektor szkoły, z dwoma hiszpańskojęzycznymi i francuskimi programami podwójnymi, tak skomentował tę sytuację:

Rodzice mają najwięcej mocy. Rodzice muszą składać petycje, pisać listy i narzekać, ponieważ to może spowodować zmiany. Ich działania mogą zmienić dużo więcej, niż działania takich osób jak ja, czy innych dyrektorów. To rodzice mają siłę sprawczą. Nie oznacza to, że zawsze odnoszą sukces, ale za to zawsze są w stanie przyciągnąć uwagę osób decyzyjnych[8].

Jak słusznie zauważa ten dyrektor, rodzice mają autorytatywny głos w społecznościach szkół publicznych i mogą przyciągnąć uwagę kluczowych decydentów. Ich siła nie powinna być niedoceniana.

To, co często komplikuje siłę działania rodziców, to fakt, że władze szkolne rzadko organizują spotkania społecznościowe, podczas których rodzice mogliby dyskutować na temat konkretnych programów i inicjatyw, które szkoła powinna wdrożyć. Tego typu spotkania mogą być niezwykle owocne, ponieważ z jednej strony, zmniejszają obawy, które administracja i nauczyciele mogą mieć na temat inicjatyw, kierowanych przez rodziców, a z drugiej, zwiększają zaangażowanie i podnoszą morale rodziców. Ekscytacja, moc i siła do działania, które rodzice wnoszą do dyskusji, mogą być zaraźliwe. Spotkania, które dają okazję do interakcji między rodzicami i wychowawcami, pomagają pokonywać różne przeszkody, z którymi muszą się zmierzyć przy tworzeniu programu dwujęzycznego (np. słuchając ludzi, którzy z powodzeniem zrealizowali programy tego samego rodzaju, czy wspólnie tworząc strategię lub plan działania). Jednak w przypadku braku zaangażowania ze strony administracji szkolnej, rodzice mogą zostać zmuszeni do szukania alternatywnych i być może bardziej konfrontacyjnych, ścieżek do stworzenia programów dwujęzycznych w lokalnych szkołach. Chociaż składanie skarg zawsze powinno być stosowane, jako ostateczność w uruchamianiu programu dwujęzycznego, czasami jest to jedyny sposób na nawiązanie dialogu z władzami szkolnymi, jeśli zaangażowanie rodziców jest ignorowane. Rodzice powinni być świadomi swojej siły przetargowej i swoich praw, starając się budować relacje oparte na współpracy z innymi akcjonariuszami w swojej społeczności edukacyjnej.

Rodzice powinni pamiętać, że przy każdej dużej zmianie pojawia się naturalny opór, zwłaszcza ze strony osób niezaangażowanych. Poznanie społeczności szkolnej ma kluczowe znaczenie dla sukcesu każdego programu dwujęzycznego. Dla przykładu, w Nowym Jorku wielu rodziców, którzy chcą stworzyć programy dwujęzyczne, wybiera szkoły w swoim rejonie, które mogłyby czerpać korzyści ze zwiększonej liczby rejestracji lub ze zwiększenia funduszy. Te grupy rodziców mogą być postrzegane jako intruzi, pochodzący z zewnątrz, narzucający swoją wolę istniejącej szkole. Rodzice powinni uważać, aby uniknąć konfliktu z szkolną radą rodziców i zachować szczególną ostrożność, aby zintegrować się z całą społecznością szkolną, działającą poza programem dwujęzycznym. Konieczne jest zapewnienie wszystkim, korzyści płynących z posiadania innej społeczności kulturowej w szkole. Cel ten można osiągnąć poprzez zapewnienie możliwości, takich jak wycieczki terenowe czy zasoby pedagogiczne dla wszystkich dzieci w szkole.

Dbając o wspólnotę

Rodzice pochodzący z różnych środowisk i społeczności etnicznych, mogą stać się architektami dwujęzycznych możliwości edukacyjnych, które przynoszą korzyści ich własnej wspólnocie kulturowej. W Nowym Jorku, większość rodzin zainteresowanych tworzeniem nowych programów dwujęzycznych w pobliżu ich domów, jest motywowana silną chęcią utrzymania dziedzictwa językowego, wykraczającą poza samo rozwijanie umiejętności językowych. Społeczności językowe mogą wzmacniać więzi językowe, które je jednoczą, poprzez wspieranie programów dwujęzycznych. Rozwijanie i podtrzymywanie umiejętności w domu, bez wzmocnienia w postaci zajęć w szkole, jest niewystarczalne. Utrata i asymilacja języka w społeczeństwie amerykańskim następuje szybko, szczególnie u dzieci. Programy dwujęzyczne są idealnym rozwiązaniem, ponieważ zapewniają wysoką liczbę interakcji szkolnych w języku programu, a także w języku angielskim, umożliwiając dzieciom doskonalenie umiejętności w obydwu językach. To od rodziców zależy czy ich dzieci będą mogły skorzystać z podobnego programu. Jest to ich prawo i warto o nie walczyć.

W przypadku rodzin dla których angielski nie jest językiem ojczystym, istnieją wyraźne korzyści płynące ze wspierania znajomości akademickiego wymiaru języka kraju pochodzenia. Na przykład, jeśli starsi członkowie rodziny, tacy jak dziadkowie, posługują się innym językiem, program dwujęzyczny może umożliwić dzieciom nawiązanie z nimi relacji. Korzyści są jeszcze bardziej widoczne dla rodziców, którzy mówią w językach innych niż angielski, ponieważ programy dwujęzyczne pozwalają im na pogłębianie relacji z ich dziećmi, dzięki możliwości swobodnej rozmowy w ich języku ojczystym. Problematyczne zjawisko utraty języka jest powszechne w Stanach Zjednoczonych. Często, rodzice-imigranci uważają, że nie powinni rozmawiać ze swoimi dziećmi w ich ojczystym języku, ponieważ uniemożliwi im to naukę języka angielskiego. Obawiają się również, że ich dwujęzyczność będzie stanowić przedmiot dyskryminacji. W rezultacie, niektóre rodziny decydują się posługiwać złej jakości angielskim, zamiast mówić płynnie w swoim ojczystym języku. Takie działanie, nie tylko nie pomaga, a bardziej utrudnia rozwój zdolności językowych dzieci. Programy dwujęzyczne działają w celu przeciwdziałania tym szkodliwym praktykom, zapewniając kształcenie zarówno w języku angielskim, jak i w języku ojczystym, ponieważ płynność w jednym języku, wzmacnia płynność w drugim.

Programy dwujęzyczne stanowią także wyjątkową okazję do pielęgnowania relacji między różnymi grupami ludzi w obrębie tej samej społeczności, jak i do pokonywania tradycyjnych „barier" tożsamości. Dzieci, pochodzące z różnych środowisk językowych, kultur i być może warstw społeczno-ekonomicznych uczą się ze sobą codziennie w klasie. Dzięki temu mogą tworzyć przyjaźnie i relacje, które przekraczają pozornie nieprzeniknione granice społeczne. Ponadto, programy dwujęzyczne przynoszą korzyści całej społeczności, angażując do pomocy w sprawach całej szkoły zmotywowanych rodziców, zwiększając możliwości pozyskiwania funduszy i wzbogacając ofertę zajęć pozalekcyjnych. Często dzielnice z nowo utworzonymi programami dwujęzycznymi stają się bardziej popularne, ze względu na pożądany program nauczania. Wpływa to pozytywnie na lokalną gospodarkę i jakość życia w sąsiedztwie, a w konsekwencji pomaga rozwijać się programom.

Dla wielu dyrektorów program dwujęzyczny jest sposobem na pozostawienie po sobie śladu w szkole, poprzez uwzględnienie dwujęzyczności. Programy w dwóch językach często są w stanie uratować szkołę, która niezbyt dobrze sobie radzi, poprawić wyniki testów we wszystkich przedmiotach, w tym w zakresie języków i matematyki, lub nadać szkole nową tożsamość[9]. Jeden z dyrektorów skomentował program dwujęzyczny swojej szkoły, w następujący sposób:

> Francuski program dwujęzyczny w P.S. 133 powstał w bardzo organiczny sposób. W 2009 r. grupa rodziców francuskojęzycznych poprosiła mnie o rozważenie możliwości otwarcia francuskiego programu dwujęzycznego. Wice-dyrektor, który jest doradcą nauczycieli, i ja odwiedziliśmy sąsiednią szkołę z istniejącym programem i zdecydowaliśmy,

że będzie to wspaniały dodatek [...] W 2010 roku zatrudniłem jednego nauczyciela dwujęzycznego i otworzyłem jedną samodzielną klasę dwujęzyczną. Pozwolę sobie powiedzieć, że był to ogromny sukces. W następnym roku otworzyliśmy dwie grupy przedszkolne i jedną pierwszą klasę. Od tego czasu, dodajemy dwie klasy każdego roku. Dwujęzyczność stała się cechą charakterystyczną naszej szkoły, w której uczniowie pochodzą z wielu środowisk językowych. Sukces francuskiego programu, zachęcił hiszpańskich rodziców, by podjęli starania o stworzenie hiszpańskiego programu dwujęzycznego. Pięć lat później, nie mogłem sobie wyobrazić dnia bez usłyszenia francuskiego i hiszpańskiego w salach lekcyjnych i na korytarzu[10]

W tym przypadku rodzice nie tylko przekonali dyrektora szkoły do stworzenia dwugłosowego programu w języku francuskim, ale także zainspirowali decyzję szkoły o stworzeniu hiszpańskiego programu dwujęzycznego. Wysiłki oddanych rodziców skutecznie przekształciły szkołę jednojęzyczną, w model edukacji dwujęzycznej.

Tworzenie sukcesu

Po otwarciu programu, rodzice odgrywają ogromną rolę we wspieraniu programu dwujęzycznego. Dwujęzyczni rodzice mogą pełnić funkcję ambasadorów języka i kultury w społeczności szkolnej, organizując zajęcia pozalekcyjne, czy festiwale promujące kulturę. Ważnym jest, aby pokazać, że wszystkie dzieci mogę korzystać z tych wydarzeń i że nie jest to przywilej przyznawany jednie uczniom z programu dwujęzycznego. Ponadto rodzice mogą zapewnić bardzo potrzebną pomoc w klasie i poza nią, czytając uczniom książki na głos, pomagając w nabywaniu dwujęzycznych materiałów szkolnych, gotując dania kuchni swojego kraju, udzielając pomocy domowej uczniom, którzy nie mogą liczyć na wsparcie w domu. Podobnie, jak w klasie jednojęzycznej, rodzice dwujęzyczni mogą zgłaszać się, jako opiekunowie na wycieczki, aby wzbogacić zajęcia pozaszkolne. Marie Bouteillon, była dwujęzyczna nauczycielka z Nowego Jorku i ceniona konsultantka ds. edukacji dwujęzycznej, opisuje ogromną pomoc udzieloną jej przez rodziców podczas wycieczek:

Było mi ciężko, z powodu tego, że kiedy uczyłam, francuski był językiem mniejszości. Kiedy jeździliśmy na wycieczki wszystko było po angielsku, dlatego wsparcie francuskojęzycznych opiekunów miało duże znaczenie. Ich obecność w połączeniu z moimi angielskimi uczniami dominującymi była czymś wspaniałym. Pozwoliło to otworzyć umysły uczniów na nowe doświadczenia, a ponad dawało możliwość mówienia po francusku poza środowiskiem akademickim, To było naprawdę miłe[11].

Nie ma ograniczeń co ilości wsparcia, jaką rodzice mogą zapewnić uczniom w programach dwujęzycznych, a ich zaangażowanie może zapewnić płynne działanie programu i pomóc w osiągnięciu sukcesu. Oprócz bardzo cenionej i potrzebnej pomocy, rodzice powinni być ostrożni, aby nie przyczyniać się do niepotrzebnego stresu, szczególnie na początku programu. Nauczyciele i dyrektorzy powinni być postrzegani, jako zdolni nauczyciele i administratorzy. Dwujęzyczny program nauczania nie powstaje z dnia na dzień, dlatego rodzice muszą zrozumieć, że praca nauczyciela jest niezwykle wymagająca i powinni docenić ilość wysiłku wkładanego w tworzenie takiego programu. Rodzice powinni rozważyć poszczególne style nauczania, pamiętając, że nauczyciele dwujęzyczni starają się nawigować w dwóch lub więcej kulturach, językach i podejściach do nauki. To nie jest łatwe zadanie. Najlepszym sposobem działań rodziców jest wspieranie nauczycieli i oferowanie pomocy na każde żądanie. Nauczyciele bardzo doceniają opinie dotyczące wyzwań, przed którymi stoją rodzice, ponieważ niemożliwym jest przewidzenie potencjalnych przeszkód, jakie mogą napotkać po drodze. Zamiast przyjmować postawę oskarżającą, rodzice powinni pozwolić nauczycielowi wyjaśnić uzasadnienie swoich wyborów w klasie. Oczywiście całkowicie dopuszczalne jest zadawanie pytań, jednak zrażanie do siebie nauczycieli lub administrację po miesiącach, może nawet latach, w planowaniu konkretnego programu, nie przyniesie pozytywnego wyniku. Ważnym jest, aby rodzice byli ostrożni w kontaktach z nauczycielami i administratorami szkół, ponieważ potrzeba naprawdę wiele zapału do pracy z ich strony do prowadzenia programu. Pewne jest, że sukces ich uczniów jest dla nich najważniejszy.

Kiedy program nabierze kształtów, jest to także moment, w którym rodzice - szczególnie rodzice-założyciele - muszą odejść z inicjatywy i pozwolić szkole przejąć kontrolę. Rodzice mogą mieć trudności z rezygnacją z poziomu kontroli, której doświadczyli w procesie tworzenia programu. To dobry czas dla tych rodziców, aby zastanowili się, w jaki sposób kontynuować organizację poza nadzorowaniem i wdrażaniem programu, które teraz będą przejęte przez nauczycieli. Rodzice mogą na przykład wskazywać obszary, w których język programu nie jest wystarczająco obecny w społeczności szkolnej. Aby zapełnić pustą przestrzeń, mogą zapraszać do szkoły artystów, autorów, zorganizować stoisko kulturalne podczas targów szkolnych lub zorganizować wizytę w lokalnych firmach, centrach kulturalnych lub muzeach, w których mówi się językiem programu. Rodzice mogą również zaangażować się w szkolną bibliotekę, przekazując książki lub zarządzając zasobami. Nawet najmniejsze sprawy w szkole, takie jak oznaczanie korytarzy wielojęzycznymi znakami, organizowanie obiadów lub zajęć pozaszkolnych dla uczniów, mogą być ogromnym atutem dla dwujęzycznej klasy. Można też organizować letnie zajęcia, aby uczniowie nie zapomnieli wszystkiego, czego nauczyli się w poprzednim roku; sport, muzyka, teatr i rzemiosło, to tylko kilka z propozycji. Tego typu działania sprawiają, że proces nauki języka jest zabawny i zachęcający dla uczniów.

Innym sposobem wspierania szkoły dwujęzycznej jest angażowanie się w pozyskiwanie funduszy. W kontekście dwujęzycznym ważne jest, aby wziąć pod uwagę, że filantropia może nie być tak szeroko rozumiana, w niektórych społecznościach językowych. Nie oznacza to, że konkretna społeczność nie jest hojna, ale może raczej inaczej rozumieć to, co jest charytatywne i akceptowane. Dlatego też należy zmotywować rodziców do zaangażowania się w działalność charytatywną, dobrze rozumiejąc kulturowy sposób dzielenia się. Jedna grupa może czuć się komfortowo, pisząc czek lub wpłacając gotówkę, aby wspomóc pewną inicjatywą lub całą szkołę. Inni mogą korzystać z własnej sieci kontaktów. Jeszcze inni mogą woleć poświęcić swój czas na poszukiwanie informacji na temat dodatkowych źródeł finansowania.

Jednym z najskuteczniejszych narzędzi pozyskiwania funduszy, wykorzystywanym regularnie przez liderów programów dwujęzycznych, jest ich własna organizacja non-profit, ustanowiona przez rodziców, jako podmiot prawny. Pozwala to na zbieranie funduszy poza wyznaczonymi przez szkołę ograniczeniami[12]. Metoda ta może być szczególnie skuteczna, gdy szkoła nie jest w stanie zaakceptować niektórych ofiarodawców lub nie chce ponosić odpowiedzialności przed organem prowadzącym szkołę, za działalność pozaszkolnej grupy wsparcia. Rodzice mogą następnie przekazywać pieniądze od organizacji non-profit do szkoły w celu zakupu nowych książek, pokrywając koszty wycieczki, a nawet wysyłając nauczycieli na konferencję. To zbiorowe działanie ma potencjał, by rozpalić zapał wśród rodziców, którzy wiedzą, że przyczynili się do stworzenia czegoś konkretnego[13].

Niektórzy rodzice wychodzą poza zakres obowiązków, a nawet decydują się zostać nauczycielami dwujęzycznymi. W Nowym Jorku, wielu rodziców zdecydowało się powrócić do szkoły, aby zdobyć tytuł magistra z edukacji dwujęzycznej, ponieważ jest to ich pasja i chcą poświęcić jej swoje życie. Tego rodzaju osobiste zobowiązania mogą zapewnić długotrwałość programu i podkreślić lojalność wobec programów dwujęzycznych. Rodzice są wiatrem w żaglach każdego programu dwujęzycznego - od założenia, przez wdrożenie, aż po długoterminową trwałość. Na całym świecie rodzice zdają sobie sprawę z możliwości wprowadzania zmian w swoich społecznościach szkolnych i tworzenia programów dwujęzycznych, które przyniosą długofalowe korzyści ich dzieciom. Jeśli rodzice wykorzystają swoją moc, kto wie, jak daleko rozwinie się Rewolucja dwujęzyczna.

ROZDZIAŁ 2

Zmiana krajobrazu: pierwszy program japoński na Brooklynie

Po tym, jak usłyszały o kilku programach dwujęzycznych w szkołach publicznych Nowego Jorku i Los Angeles, pięć Brooklyńskich matek postanowiło, że chciałyby tego samego dla swoich dzieci. Jako iż żaden podobny program nie istniał w okolicy, podjęły wyzwanie stworzenia od zera, pierwszego w Nowym Jorku, angielsko-japońskiego programu nauczania. Tych pięć matek to: Japonka, Yumi Miki, Szwajcarko-Japonka Monica Muller, Koreanko-Amerykanka Hee Jin Kan, Tajwanko-Amerykanka Yuli Fisher, Chinko-Amerykanka Lanny Cheuk. Z całej grupy, jedynie Yumi i Monica płynnie posługiwały się japońskim, pozostała trójka albo mówiła po japońsku bardzo słabo albo wcale nie miała żadnych związków z Japonią ani z japońskim środowiskiem. Poznały się podczas wspólnej zabawy dla dzieci zorganizowanej przez Summer Hui, podgrupę znanej internetowej sieci dla rodziców w Nowym Jorku, Brooklyn Baby Hui. Dzięki tej grupie, matki organizowały zabawy dla swoich maluchów i spotykały się regularnie w lokalnych parkach. Szybko, pięć matek zostało przyjaciółkami i prowadziło rozmowy na temat szkół. Słyszały o udanym francuskojęzycznym programie, który powstał w pobliskiej szkole i zaczęły wyobrażać sobie, jak wyglądałby podobny program z językiem japońskim. Poprzez nieformalne rozmowy na placach zabaw i w parkach, grupa zaczęła organizować i rozwijać plan zrealizowania swojego programu marzeń. ⌈SEP⌋

Na szczęście, tych pięć mam dzieliło zbliżone poglądy na temat edukacji wielojęzycznej. Uważały, że kontakt z innymi językami w dzieciństwie jest ważny i rozumiały potencjalne zalety i korzyści naukowe dobrze przygotowanych programów dwujęzycznych. Co najważniejsze, podzielały one tę samą chęć do zmieniania szkół, co pięknie opisała jedna z matek:

> Wyszłyśmy z założenia, że aby podnieść poziom nauczania kolejnej szkoły w naszej dzielnicy, będziemy musiały stworzyć nasz własny program. Główną przyczyną stresu dla rodziców podczas składania podań do przedszkola i żłobka są znaczne różnice między dobrymi a złymi szkołami. Postrzegałyśmy program dwujęzyczny jako sposób by wspomóc szkołę i lokalną społeczność, by zapewnić lepszej jakości edukację większej liczbie dzieci, i by dać naszym dzieciom możliwość edukacji dwujęzycznej. Chciałyśmy zmienić kształt Podstawy Programowej, programu „No Child Left Behind", oraz wszystkich egzaminów i testów, oraz to w jaki sposób są one używane do oceniania nauczycieli oraz szkoły. Co mogę zrobić jako jednostka, aby pomóc i aby zapewnić mojemu dziecku edukację, którą uważam za lepszą?[14]

Mając na uwadze swój cel, grupa zaczęła szukać wsparcia wśród osób, które miały już doświadczenie w tworzeniu podobnych programów, w tym mnie samego. Wszystkie razem pracowały niezmęczenie jako zespół i podążały za dostosowanymi wskazówkami - skróconą wersją wskazówek zawartych w tej książce - odpowiadającymi na ich potrzeby. Zrozumiały, że są pionierkami i żeby ich pomysł odniósł sukces, będą musiały przekonać społeczność japońską, szkolnych liderów oraz społeczność szkolną co do zalet ich przedsięwzięcia.

Wypracowany model

Nowopowstała grupa tworząca japoński program dwujęzyczny rozpoczęła swoje działania, analizując dotychczas stworzone programy oraz szukając modeli, które okazały się być najbardziej efektywne. Szybko znalazły się dwie szkoły publiczne w Glendale, Kalifornii, w pobliżu Los Angeles, które od 2010 r. oferowały „dwustronne" japońsko-angielskie programy językowe[15]. Program nauczania w Glendale został zainicjowany przez sporą grupę rodziców, którzy zbierali podpisy, by w końcu protestować przed siedzibą lokalnych władz, domagając się dwujęzycznego programu nauczania. Kiedy otrzymali pozwolenie, program został wprowadzony w jednej z klas pierwszych oraz w dwóch grupach w przedszkolu. W Glendale, pół dnia dzieci uczą się w języku japońskim, a pół w angielskim. Około 40 procent wszystkich uczniów płynnie posługiwało się japońskim w momencie przystępowania do programu. Rodzice niektórych z uczniów są z Japonii, inni są pół-Amerykanami pół-Japończykami, a pozostali nie mają żadnej więzi z Japonią poza zainteresowaniem tym krajem i kulturą, z wyjątkiem tych, którzy uczyli się japońskiego na studiach. Gdy rodzice, którzy chcą umieścić swoje dziecko w tej szkole, odwiedzają ją przed zapisaniem swoich dzieci, osoby ich oprowadzające upewniają się, że są oni prawdziwie zainteresowani językiem japońskim, ze względu na to, iż przy zapisach rodzice decydują się na siedmioletni program, od przedszkola, aż po ostatni rok edukacji w szkole podstawowej. Jest to zrozumiałe biorąc pod uwagę, jak trudno jest szkole znaleźć zastępstwo za dziecko, które nagle z niej odchodzi, po spędzeniu kilku lat na nauce w programie dwujęzycznym. Jest to głównie spowodowane tym, iż uczniowie, którzy zapełniają wolne miejsca muszą na wstępie wystarczająco dobrze porozumiewać się w dwóch językach, aby dorównać swoim rówieśnikom, którzy uczęszczali do programu dwujęzycznego od początku ich edukacji.

Japoński program dwujęzyczny w Glendale uczy czytania i pisania po japońsku od zera, używając hiragana w przedszkolu, dokładając katakana oraz chiński alfabet w pierwszej klasie. Pomimo swojej intensywności i szybkiego tempa, program nauczania pozwala na zabawy w klasie oraz na korzystanie z technologii takich jak smartboards. Co ważniejsze, uczniowie tego programu osiągają bardzo dobre wyniki. Pięć lat od rozpoczęcia programu, szkoła przeprowadziła własne badania, analizujące wyniki z testów języka angielskiego. Otrzymane przez szkołę wyniki, pokazują, że po pięciu latach w tym programie, uczniowie dwujęzyczni swoimi wynikami przewyższają uczniów z jednojęzycznych anglojęzycznych programów[16].

Grono pedagogiczne szkoły składa się z nauczycieli, dla których japoński jest rodzimym językiem, kilku Amerykano-japończyków oraz jednej nauczycielki, która pracowała w Japonii i której mąż jest Japończykiem. Obydwa języki nauczane są równolegle. W angielskiej ścieżce, jednojęzyczni nauczyciele uczą przez cały dzień dwie, wymieniające się grupy uczniów. Sytuacja jest analogiczna dla nauczycieli języka japońskiego. Anglojęzyczni nauczyciele nie muszą znać japońskiego, co zmusza uczniów, aby zwracali się do nich wyłącznie w języku angielskim. Sytuacja wygląda tak samo dla nauczycieli języka japońskiego. Kolejną zaletą równoległego modelu nauczania jest fakt, iż wymaga on mniejszej liczby japońskojęzycznych nauczycieli. Ten aspekt pomaga szkole z wyzwaniem, jakim jest znalezienie nauczyciela, który mówi po japońsku, posiada uprawnienia do nauczania w Kalifornii oraz pozwolenie na pracę w Stanach Zjednoczonych. Dodatkowo, szkoła zatrudniła kilku doradców i profesorów z uniwersytetów, aby wsparli wprowadzenie programu. Wszystkie wyżej wymienione aspekty zostały uwzględnione przez radę szkoły przy pomocy rodziców. Razem stworzyli oni satysfakcjonujące rozwiązanie.

Opracowanie programu na Brooklynie

Naszych pięć mam z Brooklynu wykorzystało wartościowe doświadczenia zebrane w Glendale, aby wzmocnić swoją pozycję oraz stworzyć własną strategię. Przeprowadziły również badania wśród japońskiej społeczności w Nowym Jorku, aby lepiej zrozumieć którzy rodzice byliby zainteresowani takim programem. Youmi i Monica stały się łączniczkami pomiędzy swoją grupą, a japońską wspólnotą. Wkrótce potrafiły wykorzystać znajomości, które nawiązały poprzez kontakty z japońską społecznością, aby dotrzeć do większej liczby rodzin gotowych do dołączenia do programu. Ten krok był kluczowy, ponieważ posiadanie znaczącej liczby zainteresowanych rodziców i kwalifikujących się uczniów, jest jednym z najbardziej skutecznych sposobów by przekonać dyrektorów do potrzeby stworzenia dwujęzycznego programu nauczania.

Z arkuszem w ręku, Yumi i Monica chodziły od drzwi do drzwi, odwiedzając organizacje społeczności japońskiej, aby rozpowszechniać swój plan stworzenia nowego japońskiego programu. Były w Brooklyn Japanese American Family Association, organizacji non-profit, która wspiera japońskie wydarzenia kulturalne i oferuje weekendowe i popołudniowe programy dla dzieci. Były również w Aozora Gauken, nowoczesnej szkole z łączonym programem dla japońskich rodzin, które zamierzają zostać w Ameryce. Grupa mam zwróciła się również do japońskiego konsulatu w Nowym Jorku oraz do Japan Society, pozarządowej organizacji, która skupia się głównie na misji kulturowej i edukacyjnej[17].

Różni odbiorcy

Jedną z rzeczy, którą odkryła grupa inicjująca japoński program dwujęzyczny, było, iż kilka prywatnych japońskich szkół i programów już istniało, jednak służyło głównie dzieciom ekspatów ze środowiska biznesowego, którzy pracowali w Nowym Jorku przez parę lat, by potem wrócić do Japonii. Te szkoły są wzorowane na szkołach w Japonii, tak aby dzieci mogły zachować swój język i wrócić do japońskiego systemu edukacji po przeprowadzce do Japonii. Ze względu na to, iż kilka takich programów już istniało w Nowym Jorku, wiele takich rodzin ekspatów, z różnych powodów niekoniecznie rozważało programy dwujęzyczne w szkołach publicznych. Najważniejszym z powodów był fakt, iż programy dwujęzyczne nie spełniały wymagań szkół japońskich, od których różnią się znacząco, lub nie spełniały oczekiwań samych rodziców względem edukacji ich dzieci.

W wyniku zaistniałej sytuacji, grupa pionierów zaczęła kontaktować się z rodzicami, którzy rozważali dłuższy pobyt w Stanach Zjednoczonych oraz którzy uważali możliwość rozwinięcia umiejętności komunikowania się w języku angielskim, za ważną dla swoich dzieci. Grupa, również zgłaszała się do rodzin o mieszanym pochodzeniu etnicznym, w szczególności do osób z jednym rodziców pochodzącym z Japonii, a drugim z Ameryki. Ci rodzice byli chętni, aby ich dzieci zachowały dwujęzyczne i dwukulturowe połączenia z obydwoma państwami[18].

Japońska grupa nauczania dwujęzycznego odniosła swój sukces poprzez szybkie przykucie uwagi powyżej opisanych rodzin, ponieważ w ramach ich programu japoński miał być oferowany dla uczniów, dla których stanowi część dziedzictwa, jak i dla tych, dla których jest językiem obcym. Przekonanie, że uczniowie programów dwujęzycznych będą mieli możliwość zachowania jednego języka, podczas nauki drugiego, było bardzo atrakcyjne dla japońskich rodziców. Przeprowadzenie ankiet wśród tej społeczności rzuciło nowe światło na obawy i na postrzeganie szkół publicznych przez niektórych z rodziców, tak jak ich percepcji na temat ogólnej jakości edukacji publicznej w Nowym Jorku, jakości jedzenia podawanego w szkole na obiad, a nawet obawy, iż dzieci uczące się w dwujęzycznych programach nabrałyby akcentu mówiąc po angielsku lub japońsku. W tej początkowej fazie badań, japońska grupa nauczania dwujęzycznego również odkryła, iż niektóre ze szkół prywatnych obawiały się, że nowa inicjatywa językowa „podkupi" ich nauczycieli[19].

Na podstawie badań, grupa również stwierdziła, że jeśli rodzice nie mieli planu, aby w najbliższej przyszłości wrócić do kraju swojego pochodzenia, byli bardziej skłonni do szukania wysokiej jakości szkół, z dobrą renomą, które według nich zapewniłyby ich dzieciom silną podstawą edukacyjną. Jeśli szkoła okazała się mieć odpowiedni program językowy, ci rodzice byli zazwyczaj skłonni do korzystania z takiej oferty. Co więcej, badania grupy ukazały sceptycyzm niektórych rodziców względem japońskiego programu nauczania dwujęzycznego, zwłaszcza w szkołach publicznych, ponieważ nie miał on udokumentowanej historii sukcesu, ani ustanowionej renomy. To pokazało grupie, że trzeba poświęcić dodatkową energię na znalezienie odpowiedniej karty przetargowej do przekonania wielu rodziców, stanowiących potencjalną grupę docelowa.

Dodatkowo, istotnym elementem była ciągła rekrutacja rodziców, tak aby grupa mogła zacząć komunikować swoje działania na szerszą skalę. Wykorzystywali internet do zbierania informacji w formie ankiet oraz do umieszczania informacji dla rodziców na temat postępów całej inicjatywy. Stworzyli własny blog, by odpowiedzieć na parę potrzeb:

> Nasz blog został stworzony, aby zachęcić rodziców do dołączania, podczas gdy byliśmy na początku naszej inicjatywy. Umieszczaliśmy wskazówki oraz artykuły na temat zalet dwujęzyczności, i próbowaliśmy przekonać ludzi do naszego programu. Nikt z nas nie prowadził wcześniej bloga, dlatego musieliśmy najpierw zorientować się jak to działa. Próbowaliśmy stworzyć sekcje boczną strony z głównymi informacjami: kim jesteśmy, jak to się wszystko zaczęło, dlaczego to robimy, czym jest szkoła, czym chcemy, aby był nasz program. Można było tam również znaleźć aktualności[20].

Szeroko zakrojona komunikacja przyniosła inicjatywie sporo uwagi, wliczając w to artykuły w japońskojęzycznych mediach w Nowym Jorku i Japonii. Zaczynając od pięciu mam, które miały swój plan, grupa przyciągnęła wiele rodzin, z wystarczającą liczbą dzieci do tego, aby stworzyć pierwszą klasę o rok wcześniej niż planowano. W tym samym czasie, grupie udało się zdobyć nawet więcej zainteresowania względem kolejnych klas. Otrzymali również wiele zapytań od zawiedzionych rodzin, których dzieci były już w szkołach i były już zbyt „duże" by dołączyć do programu przygotowanego do rozpoczęcia się w przedszkolu.

Znalezienie właściwej szkoły publicznej

W tym samym czasie, grupa zaczęła odwiedzać różne szkoły, szukając takiej, gdzie filozofia nauczania, pokrywałaby się z ich wizją programu. Pięć matek zawsze odwiedzały szkoły razem i zazwyczaj były po nich oprowadzane. Lanny była odpowiedzialna za organizowanie tych wizyt, ponieważ miała najwięcej doświadczenia w pracy ze szkołami:

>Doświadczenie Lanny jako pedagoga, który był zaznajomiony z departamentem edukacji - pracowała jako nauczycielka - było kluczowe. Gdy odwiedzałyśmy szkoły, wiedziała dokładnie jakie pytania należy zadać, na co zwracać uwagę, jeśli chodzi o program nauczania, jak nauczyciele współpracują z uczniami. Rozumiała podejście administracji szkolnej oraz od razu wiedziała jak ta administracja działa. Lanny była dla nas ogromnym wsparciem. Nie zaszłybyśmy tak daleko bez jej pomocy[21].

Nie potrzeba było dużo czasu by grupa znalazła parę szkół, które bardzo im się spodobały, położonych wystarczająco blisko do ich miejsca zamieszkania. Rozmowy z dyrektorami również pomogły im zawęzić swój wybór do dwóch szkół w Brooklynie Północnym, by w końcu wybrać jedną w Bushwick: P.S. 147.

Pierwszą obawą rodziców zainteresowanych japońskim programem dwujęzycznym, a zwłaszcza rodzin japońskich, był strach przed dyskryminacją. Na początku chcieli, aby wszystkie dzieci były w jednej klasie. Jednakże, pięć mam założycielek odpowiedziało przekonującym argumentem: nie chcemy, żeby dzieci uczące się w japońskim programie dwujęzycznym były postrzegane jako elita oddzielona od pozostałych uczniów. Z pomocą kilku doradców, pięć matek oraz szkolni liderzy stworzyli plan by zintegrować program dwujęzyczny z resztą szkoły, planując regularne spotkania między dziećmi z oraz spoza japońskiego programu dwujęzycznego, jak i ich udział w tygodniowych łączonych projektach. Wszystkie wysiłki włożone w planowanie sprawiły, na tyle ile mogły, że żadne dziecko nie czuło się odizolowane lub pozbawione nauczania, bez względu na program dwujęzycznym bądź tradycyjny.

Inicjatywa japońskiego programu dwujęzycznego spotkała się z ogromnym entuzjazmem znacznie wcześniej niż się spodziewano. Przyspieszone rozpoczęcie programu spowodowało kilka problemów natury „technicznej" na poziomie scentralizowanej procedury rejestracji i dostosowania się do biurokratycznego tempa działania szkół publicznych, które nie zawsze było takie, jakby życzyli sobie tego rodzice. Z tego powodu inicjatywa musiała zmagać się z opóźnieniami, które wpłynęły na rekrutację nowych rodzin, a w szczególności tych japońskojęzycznych, które mieszkały poza rejonem szkoły. W rezultacie, pierwsza grupa w przedszkolu nie zaczęła z idealnym podziałem 50/50 japońskich i angielskich native speakers, tak jak sobie to wyobrażano. Było to głównym źródłem frustracji dla założycieli, które potem odbiło się negatywnie na morale całej grupy. W wyniku tego, tylko jeden członek grupy japońskiego programu dwujęzycznego, który był w niej od początku, zapisał się do programu. Inni postanowili zrezygnować z przyczyn prywatnych lub z powodu przeprowadzki do innego miejsca.

Niemniej jednak, dyrektor P.S 147, Sandie Noyola nie poddał się presji, aby porzucić inicjatywę. Otworzył program w nadziei, że trudności biurokratyczne szybko znikną. Zatrudniono japońskojęzycznego nauczyciela z odpowiednimi kwalifikacjami i pozwoleniami oraz rozpoczęto program. Grupa przedszkolna została stworzona by przyciągnąć uwagę zarówno japońskojęzycznych dzieci, jak i dzieci, których rodziny wykazywały zainteresowanie programem. Grupa zapewniała wsparcie w przygotowaniu do nauki języka i kultury przy pomocy Japan Society. Z odpowiednimi proporcjami rodzimych użytkowników japońskiego i angielskiego, fundament, na którym można było zbudować cały program, nabrał realnych kształtów.[22]

Prezent dla przyszłych pokoleń

Rodzice, zarówno doświadczeni, jak i ci nowi, podjęli się zadania wspomagania i dbania o program japoński na Brooklynie. Pracowali niestrudzenie budując godną zaufania reputację wśród japońskich rodziców i poznając proces rejestracji do szkoły, tak by pomóc nowym rodzinom w procesie aplikacji i zrozumienia regulacji dotyczących rejonizacji szkół. Wspólnym wysiłkiem wsparli budżet szkolny poprzez ustanowienie organizacji non-profit 501(c)(3)[23], której celem jest wspierania całej szkoły, również jej działań niezwiązanych z programem dwujęzycznym. Ten projekt jest wciąż jest rozwijany. Poświęcenie 147 rodziców pozwoliło szkole zainwestować w swoich uczniów oraz program nauczania dzięki możliwości zakupu książek, pokrycia kosztów wycieczek szkolnych, zorganizowania szkoleń dla nauczycieli oraz wsparcia programów ubogacających w szkole.[24]

Dar mam założycielek dla społeczeństwa jest niesamowicie ważny, pomimo faktu, iż większość nie miała żadnych korzyści płynących ze swojej ciężkiej pracy. W wyniku ich wysiłku, pierwszy nowojorski, japońsko-angielski program dwujęzyczny otworzył swoje drzwi we wrześniu 2015 w P.S 147 w Bushwick, dzielnicy Północnego Brooklynu. Jak sami zobaczyliśmy, inicjatywa stawiła czoło wielu trudnościom, od znalezienia szkoły i wystarczającej liczby uczniów posługujących się dwoma językami by stworzyć pierwszą klasę i zachować ogólne zainteresowanie programem w obliczu istotnych rozczarowań. Mimo trudności, zapał fundatorskiego zespołu były wystarczająco mocny by przetrwać początkowe trudności. Ich wymiany poglądów, wspólna wizja, osobiste poświęcenie i wspólny wysiłek były niezbędne do stworzenia tego wyjątkowego programu. Ich inicjatywa kontynuuje swój rozwój, ponieważ nowe kręgi rodziców i pedagogów angażują się w program wsparcia. Co więcej, kilkoro japońskich rodziców w Nowym Jorku jak i poza, usłyszało o inicjatywie i zainspirowało się do stworzenia programów dwujęzycznych w swoich własnych dzielnicach. W ten sposób, nasze japońskie matki zainspirowały innych do stworzenia własnych programów, zataczając pełne koło.

Wspólny zapał i entuzjazm, jak również fakt, iż jest możliwym by pięć matek stworzyło taki program, stały się inspiracją dla innych wspólnot językowych do włączenia się w program edukacji dwujęzycznej, jak pokazują to kolejne historie włoskich, rosyjskich, niemieckich inicjatyw. Ta historia, jest kwintesencją Rewolucji dwujęzycznej. Zaczynając od wysiłku i wizji, mała grupa może sprawić, że cały ruch społeczny zacznie tworzyć programy dwujęzyczne w szkołach publicznych.

ROZDZIAŁ 3

Współpraca wspólnoty: trzy próby stworzenia jednego włoskiego programu dwujęzycznego

W ielu rodziców, którzy niedawno przybyli do Stanów Zjednoczonych, jest bardziej chętna do wzięcia spraw związanych z edukacją ich dzieci we własne ręce, nawet jeśli oznacza to przecieranie nowych szlaków. Podczas swoich własnych poszukiwań, grupa świeżo przybyłych włoskich ekspatriantów, znalazła programy dwujęzyczne, stworzone przez inne wspólnoty językowe w Nowym Jorku. Ten fakt zapoczątkował długą, miejscami uciążliwą drogę do stworzenia włoskiego programu dwujęzycznego w Nowym Jorku. Tymi rodzicami byli Martina Ferrari, Stefania Puxeddu, Piera Bonerba i Marcello Lucchetta. Ich historia ilustruje wiele wyzwań oraz sukcesów, które napotykają tego rodzaju nowe inicjatywy. Nie po jednej, ani nie po dwóch, ale po dopiero po trzech próbach stworzenia programu udało się osiągnąć sukces. Historia włoskiej społeczność, ilustruje niesamowitą wytrzymałość rodziców zaangażowanych w edukację swoich dzieci.

Włosi oraz osoby o pochodzeniu włosko-amerykańskim tworzą jedną z największych i najbardziej zżytych społeczności Nowego Jorku. Według danych zebranych przez American Community Survey, w 2014 roku, 85, 000 osób w Nowym Jorku, od wieku lat pięciu lub więcej mówiło w domu po włosku. Z tej grupy 30,000 osób zadeklarowało, że nie mówi dobrze w języku angielskim. Oprócz rodzimych użytkowników języka włoskiego, w Nowym Jorku mieszka również wiele osób amerykańsko-włoskich, zwłaszcza w niektórych rejonach Brooklynu, takich jak Bensonhurst, Bay Ridge oraz Caroll Gardens, którzy chcą zachować swoją włoską kulturę. Dane spisu ludności z 2014 roku, stwierdzają, że ponad 500,000 mieszkańców Nowego Jorku określa siebie jako włoskiego pochodzenia. Jednakże, pomimo tych wysokich liczb, grupa inicjatorów włoskiego programu dwujęzycznego, nie spodziewała się, że zdobycie ogólnego poparcia wśród rodziców, dla jego stworzenia, będzie łatwa.

Siła napędowa ekspatriantów XXI wieku

Młodzi i wykształceni obywatele Włoch, którzy założyli inicjatywę stworzenia dwujęzycznego programu włoskiego, przyjechali do Stanów Zjednoczonych w poszukiwaniu lepszych możliwości zatrudnienia, jak i zmiany tempa życia. Podobnie jak wielu pozostałych imigrantów z pierwszego pokolenia, szybko zaadaptowali się do amerykańskiego stylu życia i zaczęli zakładać rodziny. Praca pozwalała im na posiadanie regularnego kontaktu z językiem włoskim, podobnie jak fakt, iż używali w go w domu. Ta grupa współczesnych włoskich imigrantów, często wraca do swojej ojczyzny wraz z dziećmi, tak aby podtrzymywać swoje włoskie korzenie. Święta Bożego Narodzenia i letnie wakacje są czasem do odwiedzin dziadków, kuzynów, jak i okazją do tego by ich dzieci chłonęły język ojczysty i kulturę.

Jednakże, ta grupa rodziców zaobserwowała, że pomimo, iż włoski był językiem używanym w domu, wraz z dorastaniem dzieci, ich język ojczysty zaczął szybko znikać. Było to spowodowane tym, że dzieci były otoczone nauczycielami i uczniami, którzy w żłobkach i wspólnotach, mówili tylko po angielsku. Co więcej, w domu, zwłaszcza jeśli jeden z rodziców nie był rodzimym użytkownikiem języka włoskiego, częściej mówili oni po angielsku. Marcelli tłumaczy, że te rodziny musiały dołożyć wielu starań, by dbać o znajomość włoskiego:

> Gdy dzieci są małe, wkładamy sporo wysiłku w „karmienie" ich językiem włoskiem, poprzez czytanie książek po włosku i zadawanie im pytań, by sprawdzić, czy zapamiętały konkretne słowa. Filmy i kreskówki również pomagają im w przyswajaniu języka. Czasami są to rozmowy na temat różnic kulturowych – „tak smakuje makaron, gdy przyrządzamy go we Włoszech". Zawsze robimy małe porównanie tego w jaki sposób ludzie robią coś tutaj, a w jaki sposób wygląda to we Włoszech[25].

Bardziej skomplikowane dyskusje po włosku wymagały więcej czasu i cierpliwości ze strony rodziców, ponieważ zasób włoskich słów ich dzieci nie był aż tak rozwinięty, jak słownictwo angielskie. Często, dzieci odpowiadały po angielsku na pytanie zadane po włosku. Niektóre z nich nabrały mocnego amerykańskiego akcentu, gdy mówią po włosku. Mimo tego, włoscy rodzice starali się jak tylko mogli by zachować swoje dziedzictwo językowe w swoich domach. Jednak, po mimo największych wysiłków, szybko doszli do wniosku, że ich metoda nie jest wystarczająca, żeby ich dzieci stały się płynne w ich rodzimym języku, dlatego postanowili, że program dwujęzyczny zapewni im najlepsze warunki do tego by czuły się komfortowo w obydwu językach.

Rodzice zwrócili się do Ilaria Costa, dyrektora zarządzającego New York Italian American Committee on Education, który skontaktował ich z Lucia Pasqualini, włoską wice-konsul, oraz Carlo Davoli, attaché edukacyjnym we włoskim konsulacie. Te kontakty pomogły im rozpowszechnić informacje na temat swojej dwujęzycznej inicjatywy wśród wszystkich Włochów, zarejestrowanych w konsulacie. Lucia również skontaktowała grupę z Jack Spotla, którego poznała podczas swoich regularnych wizyt we włoskiej części Brooklynu - Bensonhurst. Jack był dyrektorem szkoły publicznej P.S 172 na Brooklynie, jak i aktywnym członkiem włosko-amerykańskiej wspólnoty. Był on również przewodniczącym Związku Organizacji Włosko-Amerykańskich, charytatywnej organizacji społecznej, non-profit, która została stworzona przez zjednoczenie się dziesiątek pomniejszych organizacji, w celu zbierania środków i organizowania wydarzeń dla społeczności włoskiej oraz całego Nowego Jorku. Z ustaloną siatką kontaktów, grupa inicjatorów była teraz gotowa do rozpoczęcia pierwszej próby i rekrutacji zainteresowanych rodzin.

W bardzo krótkim czasie, Lucia i Ilaria zorganizowały nieformalne spotkanie we włoskim konsulacie. Rozdawano ulotki, umieszczano ogłoszenia w mediach społecznościowych, na blogach oraz za pośrednictwem mailowej bazy kontaktów konsulatu. Ku wielkiemu zdziwieniu wszystkich, odzew włoskiej społeczności był ogromny, organizatorzy otrzymali setki pozytywnych odpowiedzi. Wypełniony po brzegi pokój w konsulacie, zmusił organizatorów do stworzenia relacji telewizyjnej wewnątrz konsulatu, tak by wszyscy goście mogli uczestniczyć w spotkaniu. Ta imponująca i entuzjastyczna odpowiedź przykuła uwagę włoskich mediów, którzy wysłali sprzęt i reporterów do zdania relacji z tego wydarzenia. Ostatecznie, spotkanie przyciągnęło tłum około 200 osób. Wszystkie miejsca siedzące w dwóch głównych salach konsulatu były zajęte, a tłum wylewał się na korytarz. Był to moment zwycięski moment dla włoskiej inicjatywy.

Spotkanie podzielone było na cztery części. Rozpoczęto od prezentacji ogólnych korzyści dwujęzyczności i nauki w dwóch językach, którą przedstawił Bahar Otcu, turecko-amerykański profesor edukacji dwujęzycznej, wykładający na Mercy College w Nowym Jorku. Potem odbyła się dyskusja z udziałem przedstawicieli rodziców z Francji, Japonii i Rosji, którym udało się stworzyć własne programy dwujęzyczne. Rodzice wytłumaczyli w jaki sposób zaangażowali swoje wspólnoty, przeprowadzili rekrutacje rodzin zainteresowanych udziałem oraz przedstawili swój plan szkołom. Następnie odbyła się dyskusja panelowa z edukatorami, wśród których był ówczesny dyrektor Office of English Language Learners Nowojorskiego Departamentu edukacji, Claudia Aguirre, oraz ja sam. Ostatnia debata odbyła się z udziałem rodziców, którzy początkowo skontaktowali się z konsulatem, jak i z udziałem Jacka Satola, który hojnie zaoferował swoją pomoc. Ta część spotkania skupiała się na wysiłkach pracy do stworzenia listy rodziców, jak i przekształcenia ogólnego entuzjazmu wobec inicjatywy w jeden lub więcej programów dwujęzycznych w szkołach publicznych na Manhattanie i na Brooklynie. Grupa ta również przedstawiła blog, poprzez który chcieli zbierać zgłoszenia od zainteresowanych rodziców, rozpowszechniać informacje i aktualności, oraz koordynować propozycje różnych szkół. To pozwoliło rodzicom na zwrócenie się do odpowiedniej szkoły, w odpowiednim rejonie.

Zebranie znaczącej liczby zainteresowanych rodziców jest kluczowym, ale nie jedynym, istotnym elementem, przed kontaktowaniem się z dyrektorem szkoły na temat inicjatywy stworzenia programu dwujęzycznego. Poza wsparciem od organizacji społecznych, dodatkowe źródła finansowania, zdobycie dostępu do książek i materiałów, jak i kontakty z nauczycielami, są również aspektami do wzięcia pod uwagę przy planowaniu nowego programu. Bez nich, te inicjatywy nie mogłyby powstać. Tłumaczy to dlaczego na trzy lata przed założeniem obecnej włoskiej inicjatywy programu dwujęzycznego, podobne przedsięwzięcie prowadzone przez włosko-amerykańską matkę, Christinę Prostano, zakończyło się niepowodzeniem.

Próby i zmagania inicjatyw oddolnych

Pradziadkowie Christiny wyemigrowali do Ameryki z Włoch na początku XX wieku, a umiejętność jej rodziny do mówienia po włosku zanikała stopniowo wraz z każdym pokoleniem. Christina żałowała tej utraty i miała nadzieję, że jej dzieci będą w stanie nauczyć się włoskiego, mimo iż ona sama znała tylko kilka słów w tym języku. Rozpoczęła swoje działania poprzez stronę na Facebooku oraz ankietę, by zbadać zainteresowanie nauką języka włoskiego, na którą odpowiedziało około 70-ciu rodzin, zarówno anglo-, jak i włosko-języcznych. Jednakże, Christina, nie była w stanie spełnić wymagań niezbędnych do stworzenia programu dwujęzycznego, takich jak: znalezienie szkoły, która byłaby chętna i miałaby środki do rozpoczęcia programu, zdobycie wsparcia i funduszy włoskich organizacji czy zrekrutowania odpowiednio wykwalifikowanych nauczycieli. Niestety, jej godny podziwu wysiłek, aby rozpocząć włosko-angielski program dwujęzyczny, nie przyniósł zamierzonego efektu i inicjatywa została zarzucona.

Niestety, grupa Lucii i Iliary również zmagała się z trudnościami w znalezieniu szkoły i utrzymaniu zainteresowania zaangażowanych rodziców. Mimo, początkowego entuzjazmu, który wywołały, ich plan nigdy się nie urzeczywistnił. Utrata aktywnych rodziców, im bliżej było do rozpoczęcia roku szkolnego oraz brak zaangażowania ze strony szkół publicznych, które wybrały, wystarczyły by zaprzestać pracę nad programem. Ich praca u podstaw, pomogła stworzyć nową inicjatywę w Bensonhurst, założoną przez Jack'a Spatola oraz Związek Włosko-Amerykańskich Organizacji na Brooklynie, którzy w 2015 roku, otworzyli pierwszą włoską grupę w przedszkolu. Niestety, to odosobnione osiągnięcie przyszło zbyt późno dla dzieci piątki rodziców zaangażowanych w pierwotnej grupie, ponieważ były one zbyt duże by dołączyć do dwujęzycznej grupy w przedszkolu. Moment, gdy grupa założycieli traci możliwość udziału w inicjatywie, o którą tak mocno walczyła, był frustrujący. Marcello opisuje tę porażkę w następujący sposób:

> Tego czego naprawdę pragnąłem, to aby moje dzieci uczęszczały do szkoły publicznej. Jesteśmy tutaj z konkretnego powodu, istnieje pewna wartość w tym co robimy. Moim marzeniem było stworzenie włosko-angielskiego programu nauczania w szkole publicznej. Nie

była to jedynie kwestia pieniędzy, a raczej kwestia świadomości, że istnieją inne włosko-amerykańskie dzieci, tak jak moje, oraz amerykańskie rodziny, chcące, aby ich dzieci nauczył się innego języka, który jest moim językiem. Jest to pewnie dość marzycielski pogląd, nieco wizjonerski, ale to były moje pierwsze odczucia[26].

Była to również strata dla ogółu społeczeństwa, ponieważ program służyłby nie tylko włoskiej wspólnocie, oferując wielu dzieciom dostęp do tego pięknego języka i niesamowicie bogatej kultury. Marcello, podobnie jak pozostali rodzice, wciąż mają nadzieję, że ich dzieci będą mówiły po włosku, nawet jeśli oznaczałoby to, że jako rodzice musieliby sami uczyć je czytania i pisania. Nie jest to idealne zastąpienie formalnej edukacji bilingwalnej, jednak jest to jedna możliwość, która jest obecnie dla nich dostępna.

Niektórzy również rozważali pobliską szkołę prywatną na Manhattanie, La Scuola d'Italia, jednakże wielu zrezygnowało z powodu wysokiego czesnego i długiego czasu dojazdu, zwłaszcza dla osób z południowego Brooklynu. Inni zatrudnili opiekunki z Włoch, nawet jeśli wymagało to dodatkowego miejsca w domu. Sobotnie programy również dawały tym rodzinom możliwość kontaktu z językiem, niektóre istniały z pomocą włoskich organizacji lub włoskiego konsulatu. Jednakże, podobnie jak z zajęciami pozalekcyjnymi, sobotni program w połączeniu z już wystarczająco zajętym rozkładem zajęć, może być czasem zbyt trudne dla dziecka. Przeszkody - w cenie, czasie, zmianie stylu życia - ilustrują trudności związane z zachowaniem dziedzictwa językowego poza publicznym systemem edukacji.

Rola wspólnego dziedzictwa

Wysiłki grupy założycieli nie poszły na marne. Ich wizja mogła nabrać rzeczywistych kształtów, dzięki pomocy Jacka Spatoli, którego doświadczenie i kontakty w systemie szkolnym, pozwoliły na stworzenie pierwszego w Nowym Jorku włosko-angielskiego programu dwujęzycznego. Miejsce świeżo przybyłych obywateli włoskich, zostało zajęte przez Włochów drugiego i trzeciego pokolenia. Co ciekawe, rodziny tej nowostworzonej grupy były w podobnej sytuacji trzydzieści lub czterdzieści lat temu. Oni sami mieli rodziców, którzy rozmawiali z nimi w domu po włosku, podczas gdy w ciągu dnia uczęszczali do szkół publicznych w Nowym Jorku, gdzie językiem wykładowym był tylko język angielski. Byli świadkami strat językowych, które zaistniały w ich pokoleniu, a czasem nawet w pokoleniu ich rodziców, stąd posiadali bardzo silną motywacje do działania w celu odwrócenia procesu utraty językowej w swojej wspólnocie.

Włoscy imigranci z pokolenia rodziców i dziadków tej grupy, przybyli do Stanów Zjednoczonych ze wyłącznie słabą lub zerową edukacją. Znacząco różnili się pochodzeniem od grupy świeżo przybyłych ekspatriantów, podejmowali się pracy raczej z desperacji, niż z powodu poszukiwania „idealnego" zajęcia. W przeciwieństwie do dzisiejszego pokolenia obywateli włoskich w Nowym Jorku, którzy w większości są dwujęzyczni, poprzednie pokolenia miały trudności z porozumiewaniem się w języku angielskim. Co więcej, język włoski, którym się posługiwali nie był jednolity, a dialekty, używane w ich małych wioskach, uwypuklały się w gdy osiedlili się w Stanach Zjednoczonych.

W obecnych czasach osoby o pochodzeniu włosko-amerykańskim, mają możliwość i luksus, by świadomie podejmować decyzje dotyczące edukacji swoich dzieci. Wiele z tych rodzin, nie wyniosło języka włoskiego z domu. Jednakże, ich chęć do podtrzymania swojego dziedzictwa językowego rozwijała się z upływem czasu. Jack Spatola tłumaczy:

> W mojej opinii, w szczególności pośród włosko-amerykańskiej wspólnoty, rodzice dostrzegają wartość utrzymywania swojego dziedzictwa, kultury. Obserwuję to dużo częściej wśród młodych wykwalifikowanych pracowników. Postrzegam to jako potrzebę do zachowania języka i kultury, która nigdy wcześniej nie istniała[27].

Dla tego nowego pokolenia, programy językowe dostępne po szkole lub w weekendy były niewystarczające do osiągnięcia swoich celów – zbudowania połączenia ze swoimi językowymi i kulturowymi korzeniami oraz wychowania dwujęzycznych włosko-amerykańskich dzieci. Jack potwierdza:

> Osoby włosko-amerykańskie, również jak pozostałe grupy etniczne, które zasymilowały się w Stanach Zjednoczonych, osiągnęły szczególny poziom zrozumienia, świadomości, wyrafinowania, i docenienia swoich korzeni. Może jest to wynikiem efektu naśladowania - „jeśli inni to robią, to dlaczego my nie?!". A być może, wynika to również ze

zrozumienia zalet mózgu, który jest w stanie prawdziwie myśleć w dwóch językach.

Ten entuzjazm dotyczący bilingwizmu i wielu poznawczych, profesjonalnych, społecznych korzyści, które daje dzieciom dwujęzyczność, przyciągnął spore zainteresowanie włosko-amerykańskiej społeczności[28]. Oprócz, ponownego ożywienia swojego dziedzictwa kulturowego i językowego, programy dwujęzyczne dają dzieciom życiowe umiejętności, dodając element rozwoju osobistego, w dążeniach włoskiej społeczności do stworzenia programu dwujęzycznego.

W końcu sukces

W 2015 roku, dzięki bezwarunkowemu wsparciu Jacka Spatola, Związek włosko-amerykańskich Organizacji na Brooklynie, połączył swoje siły ze szkoła publiczną P.S 112 w Bensonhurst, w celu założenia pierwszego włoskiego programu dwujęzycznego w Nowym Jorku. Ten zespól znalazł bardzo pomocnego rzecznika w Louise Alfano, włosko-amerykańskiej dyrektorce szkoły P.S 112. Gdy ogłoszono otwarcie programu, do szkoły wpłynęło 270 aplikacji na jedynie dwadzieścia dostępnych miejsc. Około 140 dzieci było włosko-amerykańskich, a ich rodzice chcieli by zachowały one swoją cenną tożsamość kulturową. Dla organizatorów, zainteresowanie programem dwujęzycznym tylu rodzin z małymi dziećmi, było momentem odzyskania wiary w siebie. Zawsze wiedzieli, że istniał ten potencjał, jednak dopiero w momencie zapisów, zrozumieli jak ogromne było zainteresowanie rodziców.[29] W swoim wspólnym oświadczeniu, Jack Spatola i Przewodniczący Związku, Carlo Scissura ogłosili:

> Odpowiedź mieszkańców była niesamowita, otrzymaliśmy wiele telefonów z zapytaniami dotyczącymi tego programu. Wierzymy, że tworzenie programów dwujęzycznych w tak zróżnicowanych wspólnotach jest istotne, ponieważ pomoże w utrzymaniu różnych kultur, jednocześnie pozwalając na lepsze zrozumienie i poszanowanie dla wielu grup etnicznych[30].

Stało się oczywiste, że pomimo przeszłych porażek w tworzeniu programów dwujęzycznych, wspólnota był teraz gotowa do wsparcia i przyjęcia tej inicjatywy – było tam wystarczająco miejsca dla nawet większej ilości programów.

Jak pokazuje przykład historii włoskiego programu dwujęzycznego, nie jest łatwo tworzyć programy w sposób oddolny. Ta historia lustruje niefortunny fakt, że czasami rodzice, którzy są pionierami w tworzeniu tego rodzaju inicjatyw, tracą możliwość skorzystania z czegoś, nad czym ciężko pracowali, ponieważ programy nie powstają wystarczająco szybko, by pomóc ich dzieciom. Jednakże, ich historia również pokazuję wagę wytrwałości, kontaktów społecznych i odporności wspólnot językowych. Należy o tym pamiętać.

Chęci by ożywić wspólnotę językową lub kulturową, nie powinny być niedoceniane, w szczególności w tyglu kulturowym jakim są Stany Zjednoczone, gdzie każda wspólnota ma swoją unikalną historię. Istnieje sporo wielopokoleniowych korzyści w zachowywaniu dziedzictwa, chronieniu swojej literatury, kultury i historii. Pozwala to na przekazywanie przyszłym pokoleniom poczucia przynależności, dumy i tożsamości. Oprócz bycia powodem do dumy każdej wspólnoty, programy dwujęzyczne, pozwalają uczniom zachować swoje dziedzictwo językowe oraz rozwinąć nowe, własne tożsamości i umiejętności. Wspaniale jest widzieć ten program dwujęzyczny, z zewsząd płynącym wsparciem od setek zainteresowanych rodzin, który w końcu stał się rzeczywistością we włosko-amerykańskiej wspólnocie w Nowym Jorku. Jak mówi przysłowie „jeśli nie uda się za pierwszym razem, próbuj, próbuj, próbuj ponownie". Każdy bohater tej historii dołożył się do sukcesu włoskiego dwujęzycznego programu językowego - niezależnie od tego jak mała był jego rola lub czy był w stanie zrealizować projekt na czas. Z dużą dozą wytrwałości, odpowiednimi kontaktami i odrobiną szczęścia, dwujęzyczne programy kształcenia mogą i będą odnosić sukcesy w zmienianiu i rewitalizacji naszych wspólnot.

ROZDZIAŁ 4

Umysły strategiczne: historia niemieckiej inicjatywy dwujęzycznej

L atem 2015-ego roku, grupa rodziców, których dzieci uczęszczały do Kinderhaus, niemieckiego przedszkola immersyjnego w Parku Slope, na Brooklynie, zaczęła dyskutować na temat wyboru szkoły podstawowej dla swoich dzieci. Każdy z rodziców w tej grupie chciał, aby ich dzieci kontynuowały naukę zarówno w języku niemieckim, jak i angielskim. Przypadkiem, zdarzyło się, że niektórzy z nich znali Sylvię Welhöfer, Niemkę, która mieszkała w pobliżu i planowała stworzenie pierwszego, niemieckiego dwujęzycznego programu w szkole publicznej w Nowym Jorku. Po zapoznaniu się, Sylvia oraz rodzice z przedszkola *Kinderhaus* złączyli siły, a Sylvie z Celiną Keshishian, Amerykaną i matką dwujęzycznego dziecka, objęły prowadzenie grupy. Aby oszacować potencjalne zainteresowanie rodziców, którzy znali grupę inicjatorów, po kilku tygodniach zorganizowano spotkanie inaugurujące projekt. Podczas tego spotkania, oprócz stworzenia planu strategii, wybrano również przewodniczących poszczególnych zespołów, mających za zadanie pomóc w poszukiwaniach szkoły oraz w rekrutacji rodziców. Do grupy szybko dołączyli wpływowi sprzymierzeńcy, a w szczególności Katja Wiesbrock-Donovan, przewodnicząca wydziału kultury w niemieckim konsulacie w Nowym Jorku, oraz Andrea Pfeil, dyrektor wydziału językowego w Instytucie Goethego, niemieckim centrum kultury. Oprócz swojej specjalistycznej wiedzy, te sojuszniczki pomogły w rozgłaszaniu informacji o tej nowej inicjatywie, wśród niemieckich wspólnot w pięciu dzielnicach Nowego Jorku.

Niemieckie korzenie w Ameryce

Wraz z rosnącą liczbą niemieckojęzycznych rodzin mieszkających na Brooklynie, miasto niedawno uznało potrzebę do uwzględnienia języka niemieckiego w programie nauczania lokalnych szkół. Niemieckojęzyczna wspólnota Nowego Jorku jest liczna i zróżnicowana, tworzą ją Niemcy, Austriacy, Szwajcarzy, Belgowie, mieszkańcy Alzacji, Luksemburczycy, osoby z Północnych Włoch i wielu Amerykanów o niemieckim pochodzeniu, którzy są zainteresowani podtrzymywaniem znajomości języka oraz kultury. Jednakże utrzymanie tego dziedzictwa nie było zawsze łatwe dla niemieckiej społeczności w Stanach Zjednoczonych ze względu na jego negatywny wydźwięk oraz uprzedzenia. Dla tych, którzy przybyli do Stanów Zjednoczonych po Wojnie, oznaczało to pełną asymilację z kulturą amerykańską, a czasem nawet ukrywanie faktu mówienia po niemiecku, zwłaszcza ze względu na dzieci w szkole. To międzynarodowe tłamszenie, zarówno jak żywiona po Wojnie niechęć do Niemców, wywarło wpływ na postrzeganie oraz zachowywanie niemieckiego w Stanach Zjednoczonych. Na szczęście z upływem czasu tego rodzaju poglądy i podejście zniknęły.

Dzisiejsza chęć do zachowania kultury niemieckiej w Stanach Zjednoczonych po części ma swoje źródło w niemieckich stowarzyszeniach oraz wspólnotach, które do dziś zachowały swoją aktywność od Queens i Long Island, aż po Philadelphię i Connecticut. Te grupy organizują wydarzenia, w których uczestniczą Niemcy trzeciego i czwartego pokolenia. Na przykład, Deutscher Verein - drugie, najstarsze stowarzyszenie, które nadal funkcjonuje w Nowym Jorku, zostało założone 1842, początkowo będąc otwartym tylko dla biznesmenów. Szczyci się światłymi członkami, takimi jak Frederick August Otto (FAO) Schwartz, Emile Pfizer, oraz Bracia Steinway. Mimo, iż obecnie członkowie stowarzyszenia, nie zawsze mówią do siebie po niemiecku, to aktywnie uczestniczą w zachowywaniu swojego dziedzictwa kulturowego.

Niemieckie dziedzictwo w Nowym Jorku jest dzisiaj widoczne jedynie w kilku tradycyjnych miejscach, takich jak rzeźnik Schaller & Weber, restauracja Heidelberg albo hostel Kolping House. W Saint Paul, 175-letnim niemieckim, ewangelicko-luterańskim kościele w Chelsea, odprawiane są msze po niemiecku, które swoją długą tradycją przyciągają młode rodziny. Parada Steubena na 5-tej alei, podczas której, każdego roku, tysiące Niemco-amerykanów śpiewa piosenki i ubiera się w tradycyjne stroje, również ilustruje w jaki sposób kultura niemiecka jest świętowana w Nowym Jorku. Mimo iż, świeżo przybyli do Nowego Jorku ekspatrianci, nie zawsze identyfikują się z tymi tradycjami, to wszyscy zdają sobie sprawę z ich roli w nowojorskim niemiecko-amerykańskim tyglu kulturowym. Kultura niemiecka w Nowym Jorku przeżywa obecnie coś na kształt renesansu, zwłaszcza w przemyśle restauracyjnym, w którym młode pokolenie stworzyło wiele niemiecko-tematycznych restauracji w ostatnim dziesięcioleciu.

Niedawno przybyłe niemieckie rodziny, z których wiele przyjechało do Stanów Zjednoczonych by rozwijać swojej kariery, są tak samo skupione na zachowywaniu swojego języka i kultury. Kilka rodzin ekspatriantów z inicjatorskiej grupy rodziców, które nie planowały mieszkać w Stanach Zjednoczonych przez dłuższy okres, zaczęły rozważać przedłużenie swojego pobytu, po tym jak dowiedziały się o dwujęzycznej inicjatywie. Wynikało to z tego, że uważali lokalne szkoły publiczne, za świetną alternatywę dla prywatnych szkół niemieckich. Ta grupa kilku imigrantów, reprezentuje ważną część niemieckiej wspólnoty w Nowym Jorku, w duecie z wcześniej istniejącymi niemieckimi społecznościami kulturowymi.

Istnieje kilka interesujących organizacji, które łączy te dwie grupy społeczności niemieckiej w Nowym Jorku. Na przykład, CityKinder, które jest wielopokoleniowym serwisem internetowym, dla osób niemieckojęzycznych w Nowym Jorku, organizującym coroczne wielkanocne poszukiwanie jajek czekoladowych, letnie pikniki, Paradę Steubena, oraz Jesień w Parku, podczas której rodziny zbierają się, aby puszczać latawce, jeść jabłka pieczone na grillu, tworzyć sztukę z jesiennych liści, oraz aby wspólnie opowiadać sobie historie. Największym organizowanym przez nich wydarzeniem, jest spacer w dniu Świętego Marcina, podczas którego dzieci przygotowują lampiony i spacerują przez Prospect Park, śpiewając niemieckie piosenki dla dzieci, do momentu aż spotkają Świętego Marcina, siedzącego na koniu. W pewnym stopniu, ta organizacja zjednoczyła niemiecką społeczność Nowego Jorku, ponieważ niemieckie centra kultury, kościoły oraz szkoły, używają jej jako miejsca do promowania swoich działań i poszukania nowych rodzin. CityKinder odegrało również znaczącą rolę w rozpowszechnianiu informacji o inicjatywie niemieckiego dwujęzycznego programu - łącząc rodziny o różnym tle językowym i kulturowym - w celu stworzenia projektu, który mógł przynieść ogromne korzyści całej wspólnocie[31].

Inicjatywa niemieckiego programu dwujęzycznego objęła sobą wielokulturową, wielojęzykową i wielonarodowościową grupę. Podobnie jak dzielnica Brooklynu w której mieszkali, reprezentują oni sobą szeroką gamę różnych etniczności, zawodów, od przedsiębiorców i menadżerów, po artystów i studentów. Niektóre z rodzin, były anglojęzycznymi rodzinami amerykańskimi. Niektóre, miały pochodzenie imigranckie - włączając w to tych, którzy przybyli do Stanów Zjednoczonych w poszukiwaniu lepszego życia, oraz tych, którzy ostatecznie zdecydowali się tam zostać. Każdy miał inne tło religijne i socjoekonomiczne. To właśnie ta różnorodność, przyczyniła się do wzmocnienia niemieckiego programu dwujęzycznego.

Działanie

Próba zdefiniowania strategii dla niemieckiego programu dwujęzycznego, była ważnym elementem jego sukcesu. Zespół odpowiedzialny za strategię, zastosował metodę „etapów", ustalając termin wykonania oraz cele, aby móc bez opóźnień realizować projekt. Na przykład, zespół ten zadecydował, że grupa inicjatorów, musi wybrać szkołę przed upływem grudnia, aby mieć wystarczająco dużo czasu na rejestrację uczniów przed rozpoczęciem następnego roku szkolnego. Dodatkowo, zespół odpowiedzialny za relacje zewnętrzne, pracował niestrudzenie by „sprzedawać" program. Nie wszystkie szkoły, z którymi się skontaktowano były zainteresowane tym pomysłem lub rozumiały korzyści dla uczniów i wspólnoty szkolnej, płynących z edukacji dwujęzycznej. Dla niektórych liderów szkolnych, stanowiło to wyzwanie, ponieważ zmuszało ich do wyjścia poza sferę własnego komfortu.

Jednak, grupa nie zaprzestawała swoich wysiłków, dokumentując swoją pracę, by móc ją później zaprezentować zainteresowanym rodzicom. Sylvia Wellhöfer, tak opisuje pierwsze kroki swojego zespołu:

Początkowo, podążaliśmy wskazówkami francuskiego programu, które dostosowywaliśmy w miarę naszych potrzeb. W początkowej fazie, nie wybraliśmy konkretnej dzielnicy, ani nie skupialiśmy się na instytucjach, ale raczej na rodzicach. Skoncentrowaliśmy się na stworzeniu bazy danych, by wzmocnić naszą argumentację oraz określić liczbę uczniów, dla których język angielski nie był językiem ojczystym. Nasza baza danych zawierała potrzebne dane osobowe, jednak tylko parę osób miało do niej dostęp. Była ona bardzo przydatna. Po spotkaniu rozpoczynającym, zdefiniowaliśmy trzy typy rodziców i zaczęliśmy kontaktować się ze szkołami oraz osób zarządzających dzielnicą. Zebraliśmy wszystkie informacje w jednym dokumencie, aby być w stanie porównać szkoły oraz zachować przepływ informacji[32].

Celem grupy było znalezienie piętnaściorga niemieckojęzycznych dzieci oraz piętnaściorga nie-niemieckojęzycznych dzieci, przed zgłoszeniem się do władz szkolnych. Aby spełnić wymogi prawne obowiązujące w Nowym Jorku, musieli również określić liczbę dzieci w rejonie szkoły, które były „English Language Learners" oraz które pasowałyby swoim profilem do programu. Różnorodność rodzin zainteresowanych inicjatywą była ważnym zasobem, który pomógł im w osiągnięciu swojego celu, ponieważ zarówno rodzice, jak i uczniowie mieli różne poziomy języka angielskiego i niemieckiego.

Od początku, grupa inicjująca niemiecki program dwujęzyczny, regularnie komunikowała się ze wszystkimi zainteresowanymi stronami i rozwijała strategię rekrutacji rodziców, którzy chcieli zapisać swoje dzieci do programu. Do znalezienia odpowiedniego miejsca dla szkoły, grupa skupiła się na trzech, graniczących ze sobą dzielnicach Brooklynu, oraz stworzyła trzy niezależne od siebie grupy, które zbierały informacje na temat każdej z nich oraz proponowały nowe rozwiązania, dostosowane do każdej społeczności, opierając się na zebranych danych. Mimo iż, grupa miała nadzieję, że w ciągu kilku lat, uda się im stworzyć kilka programów, w różnych dzielnicach, nie chcieli narażać swojej inicjatywy, ani wykorzystywać czasu oraz siły wolontariuszy, do tego by starać się rozwijać inicjatywę w wielu różnych kierunkach, w tym samym czasie.

Z wybraną datą rozpoczęcia, zespół odpowiedzialny za znalezienie szkoły, musiał podjąć ostateczną decyzję, gdzie ulokować wszystkie wysiłki całej grupy, na podstawie najważniejszych elementów, takich jak: poziom wsparcia ze strony administracji szkolnej oraz dostępność sal lekcyjnych. Wybrane szkoły musiały być łatwo dostępne i gotowe do poradzenia sobie z wyzwaniami, które są towarzyszą otwieraniu nowego programu dwujęzycznego. Zalety poszczególnych szkół, odwiedzonych przez liderów grupy zostały przedstawione zainteresowanym rodzicom. Zespoły były również świadome, że szkoły, które są zbyt mało wykorzystywane mogły zyskać najwięcej na programie dwujęzycznym, który zazwyczaj przyciąga wielu nowych uczniów i zaangażowanych rodziców. Nowe rodziny są często chętne do działania w ramach wolontariatu, pomocy w bibliotece, pisania wniosków lub pozyskiwania dodatkowych materiałów dydaktycznych. Wzrost liczby uczniów, który następuje po otwarciu programu dwujęzycznego, również pozwala na otrzymanie dodatkowego finansowania ze strony władz miasta lub stanowego departamentu edukacji. Te czynniki, na równi z zainteresowaniem administratorów szkoły pomysłem edukacji dwujęzycznej, ukształtowały proces podjęcia decyzji.

Zorganizowana i efektywna strategia

Istotnym aspektem dla grupy inicjatorów dwujęzycznego niemieckiego programu była przejrzysta i uprzednia informacja dotycząca strategii. W momencie rozpoczęcia prac nad inicjatywą, w Nowym Jorku istniało już pięć szkół prywatnych oferujących podobny program, a trzy z nich znajdowały się na Brooklynie. Liderzy niemieckiego dwujęzycznego programu nie chcieli konkurować z tymi instytucjami, ani stawiać się w pozycji, która mogłaby zostać uznana przez te szkoły, jako zagrażająca. Grupa ta, mocno wierzyła w potrzebę stworzenia zróżnicowanych programów dla wspólnoty i postrzegała swój program dwujęzyczny, jako dopełniający oferty szkół prywatnych. Grupa inicjatorów bardzo uważała, by nie tworzyć niepotrzebnych napięć, w i tak już wystarczająco trudnym zadaniu. W zależności od potrzeb rodziny, czasem sugerowali, aby rodzice, których było na to stać, wysłali dziecko do szkoły prywatnej. Ta współpraca oraz wsparcie programu szkół prywatnych sprawiła, że program dwujęzyczny w szkole publicznej stał się mile widzianym dodatkiem.

Nasza grupa wiedziała, jak zdobyć zaufanie i utrzymać szeroką siatkę kontaktów, równocześnie pozostając spójną w swojej strategii, adaptacji do otrzymywanych sugestii, oraz upewniania się, że indywidualne prośby rodziców były brane pod uwagę. Sylvia Wellhöfer tłumaczy:

> Jestem osobą, która dużą wagę przywiązuję do całego procesu działania. Jestem przekonana, że istnieją inne drogi postępowania, ale ja zawsze podchodziłam do tego, jak do zakładania firmy lub NGO bez żadnych pieniędzy. Stworzyliśmy stronę na Facebooku oraz zaprojektowaliśmy stronę internetową oraz logo. W momencie, gdy działo się coś

ważnego, dzwoniłam i wysyłałam maile z przypomnieniami. Informowaliśmy o niemieckim programie dwujęzycznym za pośrednictwem CityKinder, niemieckiej platformy internetowej, newsletteru niemieckiego konsulatu oraz newsletteru Goethe Institut. Rozdawaliśmy również ulotki i staraliśmy się rozpowszechnić informacje na temat naszej inicjatywy w parkach dla dzieci oraz w miejscach pracy[33].

Rodzice regularnie brali udział w dniach otwartych szkół, spotykali się z lokalnych kawiarniach, rozmawiali na placu zabaw. Przepływ informacji nie ustawał. Nawiązane współprace pomogły zwiększyć wiarygodność i efektywność działań inicjatywy. Na przykład, Goethe Institut, zaoferował by wyposażyć sale zajęć w niezbędne materiały dydaktyczne oraz zwrócił się do swojej grupy nauczycieli, by zebrać od nich wskazówki na temat źródeł wiedzy oraz rozwijania programów nauczania. Nawiązano również kontakt ze szkołami, które prowadziły już programy takie jak francuski dwujęzyczny program w P.S 110 oraz japoński dwujęzyczny program nauczania w P.S 147, aby wymienić się wyciągniętymi wnioskami, jak i dobrymi praktykami w procesie tworzenia swoich programów.

Kiedy pojawia się niepowodzenie

Dzięki danym, które udało im się zebrać oraz przejrzystej komunikacji z interesariuszami, grupa inicjatorów niemieckiego programu dwujęzycznego, była w stanie uzyskać wstępną zgodę od szkoły P.S 17 na Brooklynie. Dobrze zorganizowani rodzice, zaczęli wtedy szukać rodzin, których dzieci zaczynały przedszkole w tym samym czasie, docierając do szkół na Brooklynie i w Queens. Niestety, na kilka tygodni przed rozpoczęciem nowego roku szkolnego, zbyt wiele, wcześniej zdecydowanych, rodzin zrezygnowało z uczestnictwa. Było za późno, by zebrać nową grupę przed początkiem września. Inicjatywa niemieckiego programu dwujęzycznego w szkole P.S 17 nie doszła do skutku, z powodu oporu ze strony administracji szkolnej oraz utrudnień administracyjnych, które okazały się trudne do rozwiązania. W tym przypadku, podobnie jak w wielu innych opisywanych w tej książce, bardzo ważnym elementem jest zabezpieczenie zobowiązania rodziców oraz upewnienie się, że ci zainteresowani nie zmienią zdania w ostatnim momencie. Równie ważnym czynnikiem jest, aby liderzy tych grup byli wytrwali i skupiali się na szukaniu odpowiedniej szkoły, tak jak zrobiła to ta grupa inicjatorów. Z mocnym wsparciem kuratora, zespół niemieckiego programu dwujęzycznego oraz szkoła sprawdzał kilka nowych możliwości, by otworzyć program niemiecki program dwujęzyczny. Na chwilę obecną, wspólnie zgodzili się na otwarcie popołudniowego programu językowego dla obecnych przedszkolaków oraz uczniów zerówki, dając w ten sposób możliwość włączenia niemieckich treści do obecnego programu nauczania oraz zachowania więzi z językiem niemieckim oraz z kulturą, podczas nauki w szkole. Nowym celem zespołu niemieckiego programu dwujęzycznego jest przygotowanie gruntu do stworzenia niemieckiej klasy językowej w sąsiadującej szkole P.S 18, w nadchodzącym roku szkolnym. Grupa nie poddaje się w dążeniu do stworzenia niemiecko-angielskiego programu w szkołach publicznych Nowego Jorku, a ich wytrwałość w obliczu rozczarowań, jest z pewnością odpowiednim wskaźnikiem przyszłych sukcesów.

Rodzice zaangażowani w inicjatywę niemieckiego programu dwujęzycznego, stworzyli dobrze zorganizowaną grupę, która zaprojektowała nadzwyczajną strategię znajdywania szkół oraz rekrutowania rodzin, jak i utrzymała przejrzystą komunikację między wszystkimi osobami zaangażowanymi. Byli oni otwarci na przyjmowanie do grupy osób niemówiących po niemiecku. Uważali na to, by w swojej pracy z prywatnymi szkołami i organizacjami kulturalnymi, zachowywać pozycję partnerów, a nie rywali. Pomimo, iż kilka rodzin było sfrustrowanych faktem, przesunięciem terminu rozpoczęcia programu, wiele zostało osiągnięte, a nadzieje na powstanie pierwszego w Nowym Jorku, niemieckiego dwujęzycznego programu nauczania wciąż pozostają. W ustrukturyzowany oraz dobrze przemyślany sposób, zostały zbudowane fundamenty dla programu dwujęzycznego, który ma szansę odnieść szanse w przyszłości.

ROZDZIAŁ 5

Dwie dzielnice: program rosyjski w Harlemie i na Brooklynie

Spotkanie na Columbia University było punktem kulminacyjnym, dla inicjatywy rosyjskiego programu dwujęzycznego, której przewodzą matki - Julia Stoyanovich i Olga Ilyashenko. Spotkanie zebrało pokaźną liczbę zwolenników, takich jak: Tim Frye, mówiącego po rosyjsku, amerykańskiego profesora Studiów Wschodnich; Marię Kot, Rosjankę, która pomogła zbudować rosyjskie programy dwujęzyczne na Brooklynie, oraz Tatyanę Kleyn, profesora edukacji dwujęzycznej w City College of New York, która przybyła do Stanów Zjednoczonych, jako rosyjskojęzyczne dziecko z Łotwy, i która musiała nauczyć się rosyjskiego od podstaw, jako osoba dorosła. W spotkaniu uczestniczyli również ważni stanowi i miastowi urzędnicy tacy jak, Luis Reyes z New York State Board of Regents, oraz Milady Baez, wice-kanclerz New York City Department of Education, dyrektorzy szkół, nauczyciele, przedstawiciele organizacji kulturowych, przedstawiciele prasy oraz rodzice. To spotkanie było jedynie niewielką reprezentacją ogromnego, wieloletniego wysiłku włożonego w stworzenie rosyjskiego program dwujęzyczny na Upper West Side, na Manhattanie. Pomimo wiele wzlotów i upadków, kolejna grupa rodziców próbowała przekonać władze szkolne, że rosyjski program dwujęzyczny jest potrzeby w tej części miasta. Wezwanie do działania, zebrało bardzo zróżnicowaną grupę osób, zarówno o różnych poglądach, jak i oczekiwaniach.

Wspólnota językowa o charakterze globalnym

Nie wszystkie osoby, które zebrały się na spotkaniu pochodzą z Rosji. Tak naprawdę, uczestniczyło w nim tylko kilka osób pochodzących z Rosji. Wiele z nich mieszkało w Nowym Jorku, ale dorastało w rosyjskojęzycznych domach. Inni, pochodzili z byłych Republik radzieckich lub pozostałych krajów europejskich. Na pytanie, dotyczące języków używanych w domu czy w rodzinnie, odpowiedzi osób, które wspierały utworzenie rosyjskiego programu dwujęzycznego, oprócz języka rosyjskiego i angielskiego, uwzględniały takie języki jak: włoski, grecki, ukraiński, tatarski, armeński, hiszpański, francuski, niemiecki, hebrajski, węgierski, serbski, oraz urdu. Zebrana grupa reprezentowała 125 rodzin, posiadających 160 dzieci urodzonych między 2011r., a 2016r., co oznaczało od około trzydzieściorga do czterdzieściorga dzieci na rok, które miały zostać posłane do żłobka lub przedszkola w następnym roku. Dla wielu rodziców rosyjski był językiem ojczystym, dla innych był to język ich przodków. Byli wśród nich, też tacy, którzy porozumiewali się rosyjskim w ograniczonym stopniu, bądź nie znali go wcale. Według danych zebranych przez organizatorów, z około połowy dzieci, których rodzice byli zainteresowani mówieniem w domu po rosyjsku, ćwierć posiadała ten sam poziom angielskiego i rosyjskiego, a pozostała ćwierć nie mówiła po rosyjsku, wliczając w to uczniów, dla których angielski był jedynym językiem, jaki znali. Grupa reprezentująca tę inicjatywę była, jak to pięknie ujęły matki, tak zróżnicowana, jak miasto, w którym mieszkali: wielojęzyczna, wielokulturowa oraz gotowa do stworzenia nowych możliwości dla swoich dzieci.

W swoich historiach, rodziny zaangażowane w tę inicjatywę podkreślały wagę rosyjskiego programu dwujęzycznego w swoim życiu i rodzinach. Paru z rodziców, miało trudności z nauką rosyjskiego jako drugiego języka, na późniejszym etapie życia i nie chcieli, aby ich dzieci doświadczały podobnych przeszkód. Niektóre z dzieci, pochodziły z rodzin mieszanych, gdzie jedno z rodziców mówiło po angielsku, a drugie posługiwało się rosyjskim, co sprawiało, że porozumiewanie się w domu po rosyjsku było dużym wyzwaniem. Dziecko jednej z rodzin było już trójjęzyczne - posługiwało się angielskim, rosyjskim i chińskim, a jego rodzina chciała je zapisać do programu dwujęzycznego, by mogło opanować sztukę pisania w jednym z tych trzech języków.

Niektórzy z rodziców, podkreślali korzyści kulturowe, które zarówno rosyjskojęzyczne, jak i nierosyjskojęzyczne dzieci, mogłyby czerpać podczas odkrywania "skarbów" kultury rosyjskiej. Rodzina założycielki Julii Stoyanovich podkreśliła, że w domu posługują się jedynie rosyjskim, ponieważ zarówno ona, jak i jej mąż, chcieli, aby ich syn był w stanie nie tylko porozumiewać się w tym języku, ale również opowiadać w nim dowcipy i śmiać się. Chcieli również, aby ich dziecko z łatwością mogło porozumiewać się z dziadkami, którzy mieszkali w Queens, Moskwie oraz Belgradzie, i których znajomość języka angielskiego była ograniczona. Wiele z rodzin utożsamiała się jako „światowi Rosjanie", określenie które oznacza połączenie rosyjskiego języka, kultury, paszport pełen stempli oraz zachodnią edukację i sposób życia. Ci rodzice wierzyli, że rosyjski program dwujęzyczny stanowiłby nieocenioną pomoc w zachowaniu tożsamości oraz w przekazywaniu ojczystego języka i kultury dzieciom.

Główne motto tej zróżnicowanej grupy, było głębokie i proste: *E Plurbius Unum*[34]. Ich przeważającą nadzieją było połączenie swoich zróżnicowanych pochodzeń i zainteresowań, w celu stworzenia dobrze prosperującego programu dwujęzycznego. Na Upper West Side, gdzie umieściła się inicjatywa, dosyć łatwo można usłyszeć rosyjski na ulicy. Nowy Jork posiada największą populację osób posługujących się językiem rosyjskim w Stanach Zjednoczonych. Zgodnie z ostatnim spisem ludności, w mieście mieszkało ponad 200,000 osób posługujących się rosyjskim, co czyniło z rosyjskiego czwarty, najczęściej używany język w Nowym Jorku, zaraz po angielskim, hiszpańskim i chińskim[35]. Około 3,400 rosyjskojęzycznych dzieci w Nowym Jorku jest kwalifikowanych jako „English Language Learners" i przysługuje im prawo do edukacji dwujęzycznej. Wielu uczniów, pochodzących z rosyjskojęzycznych domów, może rozpocząć edukację w szkołę mówiąc po angielsku, jednak muszą stać się biegłymi w czytaniu, pisaniu oraz rozumieniu języka angielskiego[36].

Co więcej, dzieci o wszystkich tłach językowych, wliczając te, które mówią jedynie po angielsku, mogłyby skorzystać z rosyjskiego programu dwujęzycznego. Płynne posługiwanie się tym językiem, otwiera wiele ukrytych wcześniej drzwi w dziedzinie kultury, sztuki czy pracy. Założyciele szczegółowo opowiadali, o swojej potrzebie dzielenia się miłością do języka i kultury rosyjskiej, w nowojorskiej wspólnocie. Wierzyli, że rosyjski program będzie prezentem nie tylko dla ich dzieci, ale także dla szerszej wspólnoty i byli przygotowani by usilnie próbować przekuć to marzenie w rzeczywistość.

Walka do końca

Zanim wrócimy do naszych dwóch mam z Manahatanu, należy wcześniej opowiedzieć pierwszą historię rosyjskich programów dwujęzycznych w Nowym Jorku, które miały swoje początki na Brooklynie. To właśnie tam, Maria Kot, rosyjskojęzyczna matka, została orędowniczką rosyjskiej edukacji bilingwalnej dla swojej córki oraz dla setek dwujęzycznych dzieci w szkole podstawowej P.S. 200 oraz I.S 228[37]. Maria organizowała wydarzenia okolicznościowe i spotkania dla tej społeczności, rozwijała plany działania, i nawiązywała współprace z wieloma organizacjami, zarządami lokalnych organizacji, rosyjskimi rodzinami oraz agencjami rządowymi, wspierającymi jej inicjatywę. Jest teraz przedstawicielem rodziców w New York State Association for Bilingual Education, gdzie stała się rzeczniczka opinii rodziców, z różnych społeczności językowych.

Pierwszy kontakt Marii z rosyjskimi dwujęzycznym programami miał miejsce, gdy zapisała swoją córkę do szkoły podstawowej P.S 200. Mimo, iż program istniał, parę lat po rozpoczęciu edukacji przez córkę Marii, groziło mu zamknięcie, kiedy władze w szkole przejął nowy dyrektor, a pozostałe mniejszości w szkole miały poczucie, że ani one, ani ich dzieci nie mają już swojego miejsca w tej placówce. Maria tłumaczy jak trudno było przekonać rodziców oraz administrację do zrozumienia potrzeby kontynuowania programu:

> W tamtym czasie, sytuacja wyglądała inaczej, a idea dwujęzyczności nie była tak mile widziana. Musieliśmy walczyć. Rozpoczęliśmy zmagania z Departamentem Edukacji, aby nasze dzieci mogły korzystać z edukacji dwujęzycznej. Jeśli tylko się da, powinno się tego uniknąć, ponieważ jest to bardzo stresujące, a przede wszystkim nie powinno się musieć tego robić[38].

Po wyczerpującej walce prawnej z Departamentem Edukacji, Maria wraz z rodzicami zaangażowanymi w inicjatywę stworzenia rosyjskiego programu dwujęzycznego, zdobyli prawa do zachowania programu bilingwalnego dla córki Marii oraz pozostałych dzieci dwujęzycznych.

Ich linia argumentacji opierała się na precedensowym przypadku Lau przeciwko Nichols, szerzej opisanym w rozdziale trzynastym oraz na zapisie stanowiącym o prawie „English Language Learners" do posiadania dostępu do edukacji dwujęzycznej. Dzięki udokumentowanej liczbie uczniów - „English Language Learners", Maria uratowała rosyjski program dwujęzyczny na Brooklynie. Z upływem czasu, program stale się rozwijał. Drugi rosyjski program dwujęzyczny został otwarty w gimnazjum I.S 228, by przyjąć rosnącą liczbę klas dwujęzycznych. Był on dużo łatwiejszy do wdrożenia, dzięki niesamowicie wspierającemu dyrektorowi, którego Maria opisuje w następujący sposób:

> Było to proces dużo łatwiejszy, spokojniejszy i który odniósł większy sukces. Znalazłam dyrektora szkoły, który chciał ulepszyć swoją szkołę. Nawiązałam z nim kontakt i wytłumaczyłam mu możliwości, oferowane szkole dzięki programu dwujęzycznemu. Zajęło to parę wizyt, zanim tak naprawdę zrozumiał ideę edukacji dwujęzycznej. Od tamtego czasu, otworzył rosyjski i chiński program dwujęzyczny. W tym roku, stworzył hiszpański program dwujęzyczny, a potem hebrajski program dwujęzyczny. Obecnie, mamy ogromne poparcie i wsparcie dyrektora, w kontynuowaniu naszych działań[39].

Niebywałym jest fakt, że wysiłki Marii w rozszerzeniu rosyjskich programów dwujęzycznych, pozwoliły innym społecznościom językowym w tworzeniu swoich własnych programów. Co więcej, P.S 200 została wybrana „modelową szkołą dwujęzyczną" przez New York City Schools Chancellor, Carmen Fariña w roku szkolnym 2015 - 2016. Te sukcesy, świadczą o sile zaangażowania rodziców i o tym, że każda z tych inicjatyw ma potencjał, by zmienić oblicze edukacyjny w ich społeczności.

Przekuwanie marzeń w rzeczywistość

W międzyczasie, podczas gdy rosyjskie programy odnosiły sukcesy na Brooklynie, inicjatywa na Manhattanie, utknęła w martwym punkcie. Wszyscy byli świadomi, że poprzednie próby stworzenia tam rosyjskiego programu dwujęzycznego poniosły porażkę. Jednak dla Olgi oraz Julii nie był to powód do poddania się. Zamiast tego, wzbudzały zainteresowanie swoimi entuzjastycznym wezwaniem do działania. Julia opisuje ich wizję w ten sposób:

> To nasze marzenie, które jest bardzo blisko realizacji. Marzeniem jest stworzenie rosyjskiego programu dwujęzycznego w publicznej szkole podstawowej na Upper West Side na Manhattanie. Chcemy, aby był to program

wysokiej jakości. Powinien on pomagać rosyjskojęzycznym „English Language Learners" w konstruktywnej nauce angielskiego, w pozbawionej stresu i przyjaznej atmosferze. Powinien również pomóc dzieciom, które nie mówią po rosyjsku, w nauce tego języka, oraz cieszyć się nim oraz doceniać go, z nami i z całą wspólnotą osób rosyjskojęzycznych na całym świecie. Koniecznie chcemy, aby ten program powstał w publicznej szkole podstawowej. Mamy poczucie, iż system szkół publicznych pozwoli nam czerpać z korzyści, które oferuje Nowy Jork - wielokulturowości, różnorodności, integracji i piękna tego miasta, które wszyscy z radością nazywamy domem[40].

Oprócz swojej własnej rosyjskojęzycznej społeczności, te mamy rozwinęły strategię przyciągania osób nie mówiących po rosyjsku, którą oparły na trzech elementach: mężczyznach z brodami, statkami kosmicznymi oraz certyfikacie dwujęzyczności. Uśmiechając się, Julia opowiedziała w jaki sposób rosyjski otwiera drzwi do bogatego kapitału rosyjskich tradycji, włączając w niego mężczyzn z brodami, takich jak Lew Tołstoj, Czajkowski oraz Czechow. Statek kosmiczny, który pochodzi od Sputnika, skupia się na możliwościach rozwoju kariery oraz rosnącej liczby miejsc pracy w politologicznych, technicznych, jak i naukowych obszarach w rosyjskojęzycznym świecie. Wreszcie, w paru wybranych stanach, w tym w Nowym Jorku, certyfikat dwujęzyczności jest nadawany absolwentom liceów, którzy osiągnęli wysoki poziom w jednym lub większej liczbie języków (oprócz angielskiego), dając przez to legitymizacje programom dwujęzycznym w całym kraju.

Wiele ze składników potrzebnych do stworzenia udanego programu dwujęzycznego na Upper West Side na Manhattanie było obecnych już podczas wieczoru, kiedy odbyła się prezentacja dotycząca pomysłu stworzenia rosyjskiego programu dwujęzycznego. Grupa inicjatorów potrzebowała zmotywowanych rodziców, których wiele było obecnych podczas spotkania. Potrzebowali środków, zarówno z New York City Department of Education, jak i od zewnętrznych partnerów i organizacji, z których wiele miało swoich przedstawicieli zarówno pośród zgromadzonych osób, jak i prezentujących. Musieli znaleźć wysoko wykwalifikowanych nauczycieli, co było jedynie możliwe, dzięki współpracy z innymi szkołami. Ostatnim potrzebnym składnikiem byli uczniowie, dostarczeni przez entuzjastycznych i zmotywowanych rodziców, obecnych na spotkaniu. Jednakże, osoby z administracji, będące na sali i pośród panelistów, zwróciły uwagę nowym liderom inicjatywy rosyjskiego programu dwujęzycznego, na wagę szacunku i integracji programu z już działającymi społecznościami szkolnymi. Wzywali oni grupę inicjatorów do pracy z rodzicami, którzy mogli poczuć się zagrożeni tymi zmianami i nową ofertą. Cechą charakterystyczną tej inicjatywy, wyrażoną przez mamy będące inicjatorkami, było zobowiązane się do uniknięcia stworzenia 'zamkniętej bańki' wewnątrz szkoły, dla uczniów języka rosyjskiego. Były zdeterminowane, aby stworzyć program przynoszący korzyści całej wspólnocie szkolnej. W momencie, gdy program dwujęzyczny zbudowany jest na szacunku, docenieniu oraz współpracy, szkoła staje się fundamentem, na którym wspólnota może budować swój rozwój.

Dwa przykłady inicjatyw stworzenia rosyjskiego programu dwujęzycznego, jeden na Brooklynie, a drugi na Manhattanie, są kontrastującymi ze sobą opowieściami, jednak niosącymi ten sam morał. Na Brooklynie, inicjatywa zapoczątkowana trudną batalią prawniczą, urosła do kwitnącego dwujęzycznego raju, który wzmacnia swoją zróżnicowaną społeczność. Na Manhattanie, wieloletnia walka, aby znaleźć lokalizację dla szkoły, w luksusowej dzielnicy, okazała się zbyt zniechęcająca i trudna, by zbudować program dwujęzyczny, pomimo wielu chętnych rosyjskich rodzin. W momencie pisania tej książki, inicjatywa stworzenia rosyjskiego programu dwujęzycznego na Manhattanie prowadziła rozmowy ze szkołą na Harlemie, która zdawała się być otwarta na propozycję przyjęcia programu dwujęzycznego. Mimo, iż projekt z Brooklynu i z Manhattanu podążały innymi drogami, obydwa walczą i dbają o różnorodność swoich społeczności. Starają się też promować różne kultury, zawarte w ich społecznościach językowych, poprzez dzielenie się i świętowanie swoich tradycji w szerszym gronie. W końcu, niezależnie od tego czy ich dzieci lubią opowiadać dowcipy, tańczyć w balecie, czy czytać Tołstoja, rosyjskie dwujęzyczne rodziny w Nowym Jorku są oddane zachowywaniu swojego unikatowego dziedzictwa kulturowego, w swoim wielokulturowym mieście oraz chcą, aby ich marzenia stały się rzeczywistością.

ROZDZIAŁ 6

Efekt domina:
Mnożące się program francuskie

W szystko zaczęło się w kwietniu 2006 roku, kiedy trzy nieustępliwe matki weszły do gabinetu Giselle McGee w P.S. 58 w Carroll Gardens w Brooklynie, mając nadzieję przekonać ją, że francuski program zajęć pozalekcyjnych, byłby ubogacającym dodatkiem dla oferty jej szkoły. Podobnie jak te matki, wiele francuskojęzycznych rodzin z sąsiedztwa dbało o to, aby dzieci rozwijały swoją znajomość francuskiego również poza domem. Nie spodziewały się jednak, że Giselle nie tylko zaakceptuje pomysł stworzenia zajęć pozaszkolnych, ale że ich rozmowa doprowadzi do powstania pierwszego francuskiego programu dwujęzycznego w Nowym Jorku oraz lawiny nowych programów w całym mieście. Historia francuskich programów dwujęzycznych w Nowym Jorku ilustruje efekt domina w rewolucji dwujęzycznej. Dzięki sile zaangażowanej i zmotywowanej społeczności, programy dwujęzyczne mogą się mnożyć, tak aby służyć stale rosnącej populacji uczniów dwujęzycznych.

Wpływ poparcia rzeczników

Do piątego roku życia, dyrektor szkoły, Giselle, była dwujęzyczna - mówiła po francusku w domu z matką i po angielsku z ojcem. Jednak, gdy zaczęła uczęszczać do przedszkola w Staten Island, zaprzepaściła swoje francuskie umiejętności, ponieważ żaden z jej kolegów z klasy, nie mówił po francusku. Giselle dorastała w latach 60., kiedy asymilacja stanowiła priorytet świeżo przybyłych społeczności imigrantów. W tamtym czasie, szkoły podstawowe nie oferowały nauki języków obcych, co oznaczało, że dzieci nie mogły budować swojego kapitału intelektualnego na języku ojczystym, w przypadku, jeśli był on inny niż angielski. W ten oto sposób, pięcioletnia francuskojęzyczna Giselle straciła swój język ojczysty. Jest to historia bardzo powszechna w Stanach Zjednoczonych minionych dziesięcioleci i przedstawia zjawisko, które ostatnie trendy w edukacji dwujęzycznej próbują odwrócić.

Mając na uwadze swoją własną historię, Giselle entuzjastycznie podeszła do pomysłu inauguracji francuskiego programu dwujęzycznego w P.S. 58 w 2007 roku. Pozytywny rezultat spotkania trzech matek - Catherine Poisson, Anne-Laure Fayard i Mary-Powel Thomas - oraz wsparcie dyrektor szkoły, pomogły innym, licznym grupom w podobnych wysiłkach. Idąc za przykładem tej oryginalnej grupy, nowi rodzice zrzeszyli się i otrzymali wsparcie ze strony kluczowych władz i administracji szkolnej. Ich działania doprowadziły do powstania kilkudziesięciu francuskich programów dwujęzycznych w całym Nowym Jorku, a także w kilku innych miastach w Stanach Zjednoczonych, w ciągu ostatnich dziesięciu lat. Sukces programu P.S. 58 zachęcił nowych rodziców, do zwracania się do szkół z propozycjami stworzenia francuskich programów dwujęzycznych. Do dzisiaj nauczyciele i badacze w USA i za granicą wskazują na ten konkretny program, jako świetny przykład potęgi programów dwujęzycznych w XXI wieku.

Gdy do innych społeczności w mieście dotarły słuchy o sukcesie P.S. 58, nawiązała się współpraca między kilkoma organizacjami. Obejmowała one wydział kulturowy Ambasady Francji, kilka organizacji non-profit i filantropijnych, lokalne francuskojęyczne czasopisma informacyjne[41] oraz Education en Français à New York, organizację wolontariuszy, której misją jest promowanie języka francuskiego w okolicznych szkołach publicznych. Ta dynamiczna współpraca umożliwiła zwiększenie liczby francuskich programów nauczania dwujęzycznego w Nowym Jorku w niezwykle krótkim czasie. W ten sposób rozpoczęła się pierwsza, dwujęzyczna rewolucja w Nowym Jorku, znana również jako "francuska rewolucja dwujęzyczna"[42].

Wybór szkoły publicznej

Ta rewolucja, była napędzana rosnącym zainteresowaniem edukacją dwujęzyczną społeczności francuskojęycznej, połączonym z potrzebą służenia jej zróżnicowanej populacji dzieci, kształcących sie w systemie szkół publicznych. Według moich oszacowań, w 2012 roku 120 000 osób w Nowym Jorku mówiło w domu po francusku, w tym 22 000 dzieci, co zapewnia możliwość stworzenia ponad 50 francusko-angielskich programów dwujęzycznych[43]. W nowojorskim obszarze metropolitalnym, francuskojęzyczne rodziny emigrantów, a także amerykańskie i międzynarodowe rodziny zainteresowane kształceniem w systemie francuskim, które mogą sobie pozwolić na prywatne zajęcia, mają dostęp do doskonałej oferty edukacyjnej. Instytucje o ugruntowanej pozycji, takie jak Lycée Français w Nowym Jorku, Międzynarodowa Szkoła Narodów Zjednoczonych, Liceum Kennedy, Francusko-amerykańska szkoła w Nowym Jorku w Larchmont, Międzynarodowa Szkoła w Brooklynie, Ecole Internationale de New York, Francusko-amerykańska Akademia i Francuska szkoła amerykańska w Princeton zapewniają wysokiej jakości programy edukacji dwujęzycznej według akredytowanych programów nauczania, zgodnych ze standardami edukacyjnymi we Francji. W tych szkołach, rodziny korzystają z zalet i możliwości oferowanych przez edukację dwujęzyczną - za pewną cenę - a ich dzieci są w stanie opanować zarówno język angielski, jak i francuski na bardzo wysokim poziomie.

Na początku lat 2000., w Nowym Jorku pojawiło się wiele młodych rodziny francuskojęzycznych, których nie stać było na opłacenie czesnego tych szkół. W tym samym czasie, wzrosła liczba frankofonów, w tym imigrantów z Europy, Kanady, Afryki i Karaibów, w dzielnicach takich jak West Brooklyn, Harlem, Queens i South Bronx. Te nowo przybyłe grupy chciały zachować umiejętności językowe swoich dzieci, równocześnie dostosowując się do życia w Stanach Zjednoczonych. Doprowadziło to do ogromnego wzrostu zapotrzebowania na francuskie programy dwujęzyczne, spowodowanego obecnością osób mówiących po francusku. Ich potrzeby często nie były zauważane przez władze szkolne, ponieważ wiele z nich posługiwało się w domu również innymi językami, takimi jak wolof, bambara i creole. W wyniku tej sytuacji, te osoby były uważane przez administrację szkolną jako posługujące się tymi językami, a nie francuskim. Francuskie programy dwujęzyczne stały się również niezwykle popularne wśród rodzin amerykańskich i międzynarodowych, których dominującym językiem nie był francuski, ale które zostały zwabione ideą edukacji dwujęzycznej swoich dzieci.

Rosnąca rewolucja

Programy, które zostały otwarte w 2011 r. zarówno w P.S. 110 w Greenpoint i P.S. 133 w Boerum Hill mają bardzo niewielką liczbę miejsc dostępnych w dwujęzycznych francuskich grupach przedszkolnych, a mimo to otrzymują setki zgłoszeń każdego roku. Programy te zostały zainicjowane przez rodziców wywodzących się z francuskiego kręgu kulturowego, niektórzy urodzili się w Stanach Zjednoczonych, inni w Kanadzie lub we Francji. Większość aplikantów pochodzi z jednojęzycznych rodzin, posługujących się angielskim, bez żadnych kulturowych i językowych powiązań z francuskim. W innych szkołach na Brooklynie, takich jak P.S. 20 w Clinton Hill i P.S. 03 w Bedford-Stuyvesant, francuski program dwujęzyczny został zainicjowany przez rodziców amerykańskich, którzy nie mówili po francusku oraz poprzez wychowawców, którzy chcieli ubogacić ofertę edukacyjną dla rodzin pochodzących z krajów francuskojęzycznych.

Zmotywowani rodzice, tacy jak Virgil de Voldère i Susan Long, para francusko-amerykańska, która pragnęła, aby ich dwaj synowie byli w pełni dwujęzyczni w mówieniu i pisaniu, podjęli się misji stworzenia francuskiego programu dwujęzycznego w P.S. 84 na Upper West Side na Manhattanie w 2008 roku. Virgil wyjaśnia, jak rozpoczęła się jego inicjatywa:

> Moja żona Susan, zainicjowała pomysł stworzenia francuskiego programu dwujęzycznego. Spotkaliśmy się wszyscy i zaczęliśmy planować otwarcie programu na wrzesień. To był w lutym. W maju zebraliśmy informacje od 100 rodzin z sąsiedztwa. Robin Sundick [wówczas dyrektor P.S. 84] współpracowała ze swoimi przełożonymi, aby uporać się z całą biurokracją. Do września, jakimś cudem, udało nam się stworzyć program. To, co mówię wszystkim rodzicom francuskojęzycznym, a zwłaszcza rodzicom pochodzącym z Francji, którzy przywykli do państwowego systemu edukacyjnego, jest to, że w Ameryce mogą naprawdę coś zmienić. Mogą się organizować, mogą proponować i mają prawo do posługiwania się swoim językiem ojczystym w szkole[44].

Aby osiągnąć swój cel, Virgil i Susan poprosili o pomocy innego rodzica w szkole, Talcott Camp, amerykańską adwokat, zajmującą się prawami obywatelskimi, matkę dwójki dzieci, frankofilkę, która miała nadzieję, że jej własne dzieci staną się dwujęzyczne. Później, została ona prezesem Education en Français à New York. Wyjaśnia swój udział w inicjatywie, w następujący sposób:

> Interesował mnie temat nauki języka, ale tak naprawdę powodem, dla którego pragnęłam stworzenia programu dwujęzycznego dla moich dzieci, było to, że nie chciałam, aby dorastały używając tylko jednego języka. Po prostu, wydaję mi się to dość zubożające. Chciałam, żeby dorastali z więcej niż jednym językiem, z jego bogactwem i perspektywą, jaką dałoby im to w temacie polityki i kultury – a nawet w rozwoju mentalnym. Bardzo chciałabym, żeby mogły one uczestniczyć w francuskim programie dwujęzyczny, ale nie przyszło mi do głowy, że to może się zdarzyć. Tak naprawdę, to Virgil powiedział "Pourquoi pas?" ["Dlaczego nie?"]. Dyrektor, Robin Sundick, powiedziała mu: "Jeśli zachęcisz wystarczająco dużo rodzin frankofońskich, zrobię to." I wtedy zaczęły się prace[45].

Zgodnie z obietnicą, Virgil, Susan i Talcott dostarczyli niezbędną liczbę kandydatów, aby ich wizja francuskiego programu stała się rzeczywistością. Szkoła, którą wybrali, P.S. 84, była pionierem hiszpańskojęzycznej edukacji dwujęzycznej, dlatego też mogła zmobilizować swoją istniejącą dwujęzyczną strukturę administracyjną, aby szybko i sprawnie otworzyć francuski program we wrześniu 2008 r. Obecnie z programu korzysta około 250 uczniów z Europy, Kanady, Karaibów i Afryki. Pod koniec piątej klasy wszyscy uczestnicy programu są dwujęzyczni w mówieniu i pisaniu, z mocnym wyczuciem zarówno dla kultury frankofońskiej, jak i amerykańskiej. Sukces ten był możliwy dzięki rodzicom, którzy opowiadali o programie w swojej dzielnicy, zaprojektowali plakaty, zaktualizowali strony internetowe i zorganizowali dni otwarte.

Od września 2007 r. czternaście szkół publicznych w Nowym Jorku otworzyło francuskie programy dwujęzyczne, z których dziesięć wciąż działa. Cztery programy, które ostatecznie zakończyły się fiaskiem, nie powiodły się z powodu złego planowania lub zmiany w kierownictwie szkolnym – co stanowiło znaczące przeszkody we wdrażaniu edukacji w dwóch językach. Historie sukcesu obejmują siedem dwujęzycznych programów dla szkół podstawowych, w tym w szkołach publicznych na Manhattanie i Brooklynie oraz nowojorską francusko-amerykańską

Charter School w Harlemie. Co więcej, trzy szkoły średnie oferują francuski dwujęzyczny program nauczania w 8 klasie: M.S. 51 w Park Slope, M.S. 256 w Upper West Side oraz w Boerum Hill School for International Studies w Brooklynie. Ta ostatnia jest w trakcie wdrażania (jako pierwsza szkoła publiczna w Stanach Zjednoczonych) francuskiego dwujęzycznego programu Matury Międzynarodowej (IB) i planuje zapewnić swoim uczniom edukację aż do 12 klasy, kończącej się dwujęzycznym certyfikatem matury IB.

Z uwagi na fakt, iż coraz więcej uczniów francuskiego programu dwujęzycznego zaczyna obecnie liceum, ważne jest, aby szkoły zapewniały ciągłość nauki obydwu językach. We francuskich programach dwujęzycznych w Nowym Jorku, kształci się obecnie ponad 1700 uczniów - szacunki dotyczące łącznej liczby uczniów są niemal dwukrotnie większe, jeśli uwzględnimy rodziny, które wyprowadziły się z Nowego Jorku, lub których dzieci przestały uczestniczyć w programie; albo jeśli weźmiemy pod uwagę programy, które zostały zamknięte od 2007 r. Obecne prognozy wskazują, że dodatkowe 7 000 uczniów może czerpać korzyści z tych programów do 2020 r., jeśli obecna fala rozwoju nadal będzie mieć poparcie wśród nowych dyrektorów szkół, członków społeczności i rodziców.

Rosnące problemy i zarządzanie sukcesem

Niestety, postęp francuskiej rewolucji dwujęzycznej jest utrudniony brakiem dostępu do przestrzeni, raczej niż brakiem zainteresowania. W rezultacie więcej rodzin - zarówno francuskojęzycznych, jak i innych - zostało odrzuconych, niż przyjętych do francuskich programach dwujęzycznych. Liczba miejsc dostępnych w Nowym Jorku pozostaje ograniczona, co powoduje wzrost konkurencji wśród kandydatów. Na szczęście można ten problem rozwiązać. Dzięki współpracy z nowymi szkołami i zaangażowaniu nowych rodziców, rozwój francuskich programów dwujęzycznych może sprawić, że wystarczy miejsc dla wszystkich dzieci z chętnych rodzin w Nowym Jorku, jak i poza nim.

Jednak przestrzeń w klasie to nie jedyny problem, który ogranicza rozwój tych programów. Ponieważ liczba francuskich programów dwujęzycznych wciąż rośnie, rośnie również potrzeba wykwalifikowanych nauczycieli. Tej sytuacji często towarzyszą różne przeszkody w rekrutowaniu do pracy w szkołach publicznych, certyfikowanych, spełniających różnego rodzaju formalne wymagania, dwujęzycznych nauczycieli. Obecnie większość kandydatów na dwujęzyczne stanowiska dydaktyczne w Stanach Zjednoczonych to obywatele amerykańscy lub posiadacze zielonej karty, ponieważ szkoły często nie są w stanie wydawać pozwoleń na pracę dla nauczycieli zagranicznych z powodu skomplikowanych procedur biurokratycznych. Nierzadko, wymagany jest dyplom edukacji dwujęzycznej, a w Nowym Jorku obowiązkowe jest posiadanie certyfikatu wydawanego przez stan Nowy Jork do nauczania w szkole publicznej. Znalezienie kandydatów do nauczania, stało się kluczowym elementem w tworzeniu programów dwujęzycznych. W odpowiedzi na tę potrzebę, Hunter College na Manhattanie, która oferuje program studiów magisterskich w zakresie hiszpańskiej edukacji dwujęzycznej od 1983 roku, utworzyła program studiów w dziedzinie francuskiej edukacji dwujęzycznej. Aby zachęcić studentów do aplikowania do programu oferowanego przez Hunter College oraz podobnych programów w całym mieście, Société des Profesursurs de Français et Francophones d'Amérique ustanowiło program stypendialny, wspierający przyszłych nauczycieli francuskich programów dwujęzycznych[46]. Programy stypendialne i dostępne certyfikaty, takie jak te, mają kluczowe znaczenie, aby programy w dwóch językach stały się samowystarczalne w przyszłości.

Oprócz wykwalifikowanych nauczycieli, istnieje również ogromne zapotrzebowanie na materiały edukacyjne, zwłaszcza podręczniki i książki dostosowane do różnych przedmiotów czy poziomów nauczania. Fundraising pełni ważną rolę w zaspokajaniu tych potrzeb. Rodzice z doświadczeniem w zarządzaniu kampaniami marketingowymi i finansowymi, odegrali kluczową rolę w pozyskiwaniu funduszy niezbędnych do wspierania szkół, w których działają francuskie programy dwujęzyczne. Zespół kierowany przez profesjonalnych fundraiserów i dwujęzycznych rodziców, pomagał wydziałowi kultury Ambasady Francji oraz organizacji partnerskiej, Fundacji FACE, w zorganizowaniu miejskiej, długofalowej kampanii zbierania funduszy, aby wesprzeć edukację jak największej liczby francuskich dzieci dwujęzycznych. Szczególnie w uboższych dzielnicach Bronxu, Queens i East Brooklyn, gdzie mieszka wiele rodzin frankofońskich[47]. Inicjatywa przekształciła się teraz w ogólnokrajowy program, Francuski Fundusz Dwujęzyczny, pod kierownictwem Bénédicte de Montlaur, doradczyni kulturowej Ambasady Francji. Jego celem jest zbudowanie trwałej sieci programów dwujęzycznych i immersyjnych, osadzonych w amerykańskim kontekście edukacyjnym. Fundusz uzyskał hojne wsparcie osób prywatnych, fundacji, korporacji i instytucji publicznych. Ponadto, organizacje takie jak francuski Instytut Alliance Française, Komitet Francuskojęzycznych Społeczności, Fundacja Alfreda i Jane Ross, Delegatura Rządu Quebecu, a nawet Senat Francji - częściowo dzięki wsparciu senatorów reprezentujących obywateli francuskich mieszkających poza granicami kraju, stały się żarliwymi zwolennikami i zaangażowanymi ambasadorami francuskich programów dwujęzycznych w Nowym Jorku[48].

Jane Ross, międzynarodowa edukatorka i była nauczycielka języka angielskiego w Lycée Français w Nowym Jorku, była także bardzo pomocna w stworzeniu Francuskiego Programu Dziedzictwa Językowego przy Ambasadzie Francji i Fundacji FACE. W ciągu ostatnich dziesięciu lat program ten pomógł młodym imigrantom pochodzącym z francuskojęzycznych środowisk zachować swoje dziedzictwo językowe, jednocześnie dostosowując się do życia w Stanach Zjednoczonych. Program oferuje bezpłatne lekcje języka francuskiego poprzez Internationals Network for Public Schools, organizację, która zajmuje się przyjmowaniem nowo przybyłych imigrantów[49]. Większość studentów zapisanych w programie pochodzi z Afryki Zachodniej i Haiti. Dzięki wsparciu zarówno poza szkołą, jak i w szkole, program opiera się znajomości francuskiego uczniów i wspiera ich w procesie opanowywanie języka angielskiego. Studenci mają również możliwość zaliczenia przedmiotów na uczelni, podchodząc do selektywnych egzaminów podczas trwania programu. Podsumowując, ponad 3000 uczniów od przedszkola, aż do 12 klasy skorzystało z programu Francuskiego Dziedzictwa Językowego od czasu jego powstania w 2006 roku. Program stał się nieodłączną częścią edukacji francuskojęzycznej w Nowym Jorku i istotnym partnerem dla programów dwujęzycznych, a także kluczowym elementem francuskiej rewolucji dwujęzycznej.

Synergia nowojorskiej, francuskiej opowieści o programie dwujęzycznym, doskonale przedstawia ważną rolę rodziców i wychowawców, w procesie tworzenia tych programów. Podkreśla ona również pozytywny wpływ organizacji zewnętrznych, które mogą zapewnić istotne wsparcie na różne sposoby. Przedstawione w tym rozdziale historie są dowodem, że osoby zaangażowane, współpracując ze sobą są w stanie odpowiedzieć na potrzeby społeczności, że mogą stworzyć skuteczne kampanie zbierania funduszy i nawiązać partnerstwa z instytucjami, mogącymi zapewnić pomoc w rozwiązywaniu problemów, które są po prostu zbyt rozbudowane i złożone, aby grupa rodziców mogła sama sobie z nimi poradzić.

Jak pokazuje przykład francuskich programów dwujęzycznych, tysiące dzieci skorzystały z rezultatów wspólnego wysiłku wielu osób, grup i organizacji pracujących na rzecz francuskiej edukacji dwujęzycznej w nowojorskich szkołach publicznych. Mam dużą nadzieję, że jeszcze więcej dzieci będzie mogło korzystać z tych programów w najbliższej przyszłości. Opowieść o francuskojęzycznej edukacji dwujęzycznej ilustruje wszystko co niesie w sobie Rewolucja dwujęzyczna: wysokiej jakości programy w szkołach publicznych dla dzieci ze wszystkich środowisk etnicznych, językowych i społeczno-ekonomicznych. Jeśli Rewolucja dwujęzyczna będzie nadal rozprzestrzeniać się w tak niewiarygodnym tempie, kto wie jak daleko jeszcze zajdzie.

Przezwyciężając uprzedzenia: arabskie programy dwujęzyczne

Pierwszy arabsko-angielski program dwujęzyczny w Nowym Jorku został utworzony w Kahlil Gibran International Academy, szkole publicznej na Brooklynie, która przyjęła sześćdziesięciu uczniów na poziomie ostatniej klasy szkoły podstawowej, we wrześniu 2007 roku. Patron szkoły, Khalil Gibran, był libańsko-amerykańskim artystą, poetą i pisarzem - członkiem nowojorskiego Pen League. Gibran przybył do Stanów Zjednoczonych jako dziecko, dorastał w Bostonie, gdzie uczęszczał do specjalnej szkoły dla imigrantów. Tam opanował używanie języka angielskiego, równocześnie zachowując płynność w arabskim, którym posługiwał się w domu. W dorosłym życiu, Gibran został poważanym i znaną postacią literackiego świata w obydwu językach, a światową sławę przyniosło mu otwarte poparcie dla wielokulturowego zrozumienia, które do dziś, stanowi podstawę edukacji dwujęzycznej.

Khalil Gibran International Academy było pierwszą szkołą publiczną w Stanach Zjednoczonych, oferującą program nauczania, który kładł nacisk na naukę języka i kultury arabskiej. Wsparcie dla programu pochodziło od różnych instytucji, takich jak: Luterańskie Centrum Medyczne, amerykańsko-arabski Komitet antydyskryminacyjny oraz amerykańsko-arabskie Centrum wspierania rodziny. Celem dyrektorki, która założyła tę szkołę, Debbie Almontaser, było stworzenie placówki dwujęzycznej, odpowiadającej zapotrzebowaniom lokalnej społeczności. Zaplanowano, aby w nowo stworzonej szkole, edukacja zaczynała się na poziomie ostatniej klasie podstawówki i kontynuowała się przez całe liceum, dając dzieciom prawdziwą szansę na stanie się dwujęzycznymi i dwukulturowymi[50].

Zróżnicowanie religijne i polityczne tej wspólnoty, wywarło wpływ na początkowe starania grupy inicjatorów, którzy chcieli stworzyć program nauczania zarówno w języku hebrajskim, jak i w języku arabskim. Jednakże, ten model okazał się zbyt ambitny do wprowadzenia, zwłaszcza gdy weźmiemy pod uwagę wszystkie możliwe standardy i regulacje edukacji publicznej w stanie Nowy Jork. W końcu, grupa podjęła decyzję, by skupić się na arabskim programie dwujęzycznym, który szerzyłby wartości takie jak integracja i pluralizm, równocześnie odpowiadając na potrzeby społeczności. Szkoła była również przemyślana jako sposób na promowanie tolerancji, w momencie wzmożonej islamofobii i rasizmu[51].

Porażka i wyciągnięte wnioski

Niestety, w obliczu ataków ze strony prasy oraz wpływowych grup, dwujęzyczny program w Khalil Gibran International Academy nie przetrwał. Mimo, iż misja szkoły była przejrzysta i dobrze ustrukturyzowana, placówka stała się celem dużej nienawiści, wliczając w nią protest, zorganizowany przez grupę "Zatrzymać Medresę" [Stop Madrassa], który odbył się przed ratuszem miejskim Nowego Jorku. Tłumy, machające transparentami, dniami stały przed szkołą, protestując przeciwko arabskiemu programowi dwujęzycznemu w szkole publicznej, w obawie, że program nauczania wypełniony radykalną ideologią islamską, będzie indoktrynował dzieci.

Te reakcje pojawiły się w kontekście zamachów z 11 września, które w tamtym czasie były zmorą dla nowojorskich, muzułmańskich i arabskich instytucji. Pomimo, iż New York Times opisał działania Academy jako "zorganizowany ruch, mający na celu powstrzymywać muzułmańskich obywateli przed odgrywaniem większej roli w amerykańskim życiu publicznym"[52], Academy broniło swojego dwujęzycznego programu nauczania, jako iż zaczął on już przynosić akademickie i społeczne rezultaty. Jednakże, w 2007 r. miasto przestało wspierać szkołę, a dyrektorka Debbie Almontaser, pośród medialnego skandalu była zmuszona do zrezygnowania ze swojego stanowiska, mimo iż była bardzo znaną międzywyznaniową aktywistką w Nowym Jorku. Późniejsza sprawa postawiona przed Equal Employment Opportunity Commission, skończyła się werdyktem stwierdzającym, że Almontaser zost, zdyskryminowana przez nowojorski departament edukacji. W wyniku tych przykrych okoliczności osobistych i profesjonalnych końca pracy dyrektor Almontaser, the Khalil Gibran Academy była zmuszona do porzucenia swojego dwujęzycznego programu.

Dzisiaj, przez stworzenie siebie na nowo, w nowej szkolnej wspólnocie, the Khalil Gibran International Academy nie przestaje szerzyć przesłania pokoju Gibrana. Przekształciła się z gimnazjum w liceum, oferując naukę od 9 do 12 klasy. Jej misją jest:

> Rozwinięcie i wychowanie absolwentów, którzy będą mieli głębokie zrozumienie różnych perspektyw kulturowych, kochali uczyć się przez całe życie oraz dążyli do ideału uczciwości i integralności. Szkoła promuje holistyczny rozwój uczniów i wspiera ich w społecznym, emocjonalnym, fizycznym i intelektualnym wzrastaniu. Wraz z naszymi rodzicami, jesteśmy oddani tworzeniu wspierającego, skupiającego się na uczniu środowiska do nauki, w którym nasi uczniowie są w stanie osiągać swój pełen potencjał i mają szansę wyrosnąć na odpowiedzialnych, światowych liderów, którzy pozytywnie wpłyną na otaczający ich świat[53]

Szkoła utrzymuje programy języka angielskiego i arabskiego, jednak nie w kontekście dwujęzyczności. Mimo, iż uczniowie, którzy kończą szkołę im. Khalil Gibran nie są biegli w języku arabskim, to i tak udaje im się rozwinąć umiejętności, które wspierają ich rozwój osobisty i zrozumienie międzykulturowe, które z pewnością pomoże im w przyszłości, gdy będą szukali pracy w dziedzinach takich jak biznes czy stosunki międzynarodowe.

Mimo, iż historia Khalil Gibran Academy ma swoją jasną stronę, arabskojęzyczne społeczności wciąż pozostają marginalizowanymi grupami społeczeństwa. Od zamachów z 11 września, strach przed dyskryminacją wśród arabsko-amerykańskich i arabskojęzycznych wspólnotach w Stanach Zjednoczonych, pozostaje na wysokim poziomie. Osoby mówiące po arabsku są regularnie przedstawiane w negatywnym świetle, rutynowo postrzegane jako podejrzane, tylko z powodu swojego pochodzenia językowego, etniczności czy wyglądu[54]. Co więcej, ta grupa często jest klasyfikowana jako muzułmanie, chociaż w rzeczywistości, wiele osób mówiących po arabsku jest chrześcijanami lub wyznawcami innych religii. Nieporozumienia i ataki dyskryminujące utrzymują się, a w połączeniu z burzliwym i podzielonym klimatem politycznym podczas ostatnich wyborów w Stanach Zjednoczonych, sytuacja się nie poprawia. W rezultacie, ta przytłaczająca, nieprzychylna atmosfera tworzy napięcia, budzi niepokój i stres pośród arabsko-amerykańskiej wspólnoty, jak tłumaczy Zeena Zakharia, assistant professor na wydziale edukacji międzynarodowej i komparatystycznej w University of Massachusetts, w Bostonie:

> Uważam, że sytuacja polityczna wygląda inaczej dla społeczności arabskiej [...] Ludzie nie wychylają się, nie chcą powodować problemów, nie są pewni czy prośba o pomoc jest równoznaczna z proszeniem się o kłopoty[55].

To uczucie uwięzienia jest odczuwalne pośród wszystkich, którzy posługują się arabskim publicznie, a nawet w domach między rodzicami i dziećmi. Często, rodziny wolą, żeby ich dziecko zupełnie nie mówiło po arabsku, co potwierdza Zeena:

> Arabski nie ma języka wysokiej rangi. Kwestie polityczne związane z arabskim są trudne. Nawet w Libanie, gdzie byłam dyrektorką szkoły dwujęzycznej, miałam rodziców, którzy wracali z USA ze swoimi dziećmi, by mieszkać w Libanie, którzy oznajmiali "Nie chcę, żeby moje dziecko uczyło się arabskiego"[56].

Erozja arabskiego dziedzictwa językowego w Stanach Zjednoczonych, które opisuje Zeena, jak i na całym świecie jest niepokojące. Wiedzieliśmy w innych wspólnotach językowych, że obawa przed dyskryminacją i chęć integracji są niesamowicie mocnymi siłami, działającymi na niekorzyść dwujęzyczności w Stanach Zjednoczonych. W obliczu niepowodzeń losu, arabski padł najświeższą ofiarą długiej historii języków w Stach Zjednoczonych, które poddały się rosnącej presji, opartej na społecznych i etnicznych uprzedzeniach.

Planowanie odrodzenia

Na szczęście, rodzice oraz trenerzy edukacyjni osiągnęli pewnego rodzaju sukces w zwalczaniu stygmatyzacji, co sprawiło, że arabski jako język nauczania w Nowym Jorku, przeżył coś na kształt odrodzenia. W 2013r., New York City Office of English Language Learners skontaktowało się z Carol Heerman, w sprawie stworzenia dwujęzycznego program w jej szkole P.S/I.S 30 na Brooklynie. Od razu pomyślała ona o arabskim jako potencjalnym języku, ponieważ większość uczniów z jej szkoły posługiwała się arabskim w domu. Rodziny z Jemenu, Egiptu, Libanu i Syrii zaczęły od niedawna sprowadzać się do dzielnicy, tworząc zapotrzebowanie na szerszą ofertę nauczania arabskiego w szkołach publicznych. Pomysł programu spotkał się z dużym entuzjazmem ze strony rodziców i był bardzo łatwy do „sprzedania", jako iż język arabski miał już swoje stałe miejsce w szkole i lokalnej społeczności. Co najważniejsze ani dyrektorka, ani grono pedagogiczne nie miało uprzedzeń wobec języka arabskiego, natomiast byli świadomi potencjału tego języka w przygotowaniu uczniów do odniesienia sukcesu w przyszłości.

Poprzez arabsko-angielski program dwujęzyczny, P.S/I.S 30 szybko znalazła oddanego partnera w Qatar Foundation International, organizacji zajmującej się edukacją kulturową i nauczaniem języka arabskiego. Działając wspólnie, szkoła i fundacja starały się przekształcić inicjatywę programu dwujęzycznego w działanie wspólnotowe[57]. Qatar Foundation International zapewniła niezbędne środki finansowe, zaplanowała program nauczania oraz przygotowała materiały potrzebne do rozpoczęcia programu bilingwalnego[58]. Fundacja dała pole do działania grupie inicjatorów i z radością dzieliła się swoją wiedzą i doświadczeniem w dziedzinie nauczania języka arabskiego. Fundacja również zapewniła środki finansowe potrzebne do zatrudnienie Mimi Met, ekspertki w imersji językowej jako doradzę programu. Dodatkowo, władze szkoły współpracowały równolegle z Arab-American Association - położoną niedaleko od szkoły, na Fifth Avenue na Brooklynie - której misją jest "wspieranie i umacnianie pewności siebie arabskich imigrantów oraz arabsko-amerykańskiej wspólnoty, poprzez świadczenie pomocy w zakresie dostosowywania się do nowego miejsca zamieszkania i stawania się aktywnymi członkami społeczeństwa."[59] Linda Sarsour, ówczesna dyrektor Związku oraz znana palestyńsko-amerykańska aktywistka polityczna, była gotowa do wykorzystania swojej siatki znajomości do wsparcia programu. Te kontakty pozwoliły arabskiemu programowi dwujęzycznemu na uzyskanie dostępu do niezbędnych funduszy oraz wsparcia ze strony wspólnoty, dwóch najważniejszych elementów, które pomogły im odnieść sukces.

Pomimo uprzedzeń i stygmatyzacji, które dzisiaj dotykają arabskojęzyczną wspólnotę, znajomość tego języka jest wysoko ceniona na rynku pracy, zwłaszcza w Stanach Zjednoczonych. W kontekście po zamachach z 11 września, obecnie wiele stanowisk pracy wymaga znajomości arabskiego, a dodatkowo istnieje ogromna liczba możliwości zatrudnienia w sektorze związanym z arabskojęzycznym świecie. Znaczna część rozwoju arabskiego jako języka nauczania w USA, nastąpiła na poziomie uniwersyteckim, jednak nauka arabskiego w młodym wieku jest niesamowitą zaletą, którą mogą zapewnić programy dwujęzyczne[60].

Biegłość w języku arabskim pozwala kandydatom wyróżnić się podczas procesu aplikacji na uniwersytety, w konkursach stypendialnych, czy programach ubogacających. Znajomość arabskiego i kultury arabskiej, otwiera dostęp do karier w biznesie, dyplomacji, dziennikarstwa, dziedziny bezpieczeństwa, polityki publicznej, i wielu innych dziedzinach[61]. Co więcej, arabski jest jednym z najszybciej rosnących „drugich" języków w Stanach Zjednoczonych, jako iż porozumiewa się nim w domu więcej niż milion amerykanów[62].

Dyrektorka Heeraman tłumaczy, że wiele rodzin, które zainteresowane są arabskim programem dwujęzycznym, porozumiewa się innym jeżykiem w domu, takim jak rosyjski czy chiński. Te rodziny postrzegają program jako sposób na rozwój akademicki, tak jak zajęcia dla "uzdolnionych uczniów", które już funkcjonują w całym kraju. W tym sensie, arabski jako język nauczania zyskuje status, który był my odbierany w przeszłości, a teraz rodziny cieszą się, że ich dzieci biegle poruszających się drugim, a nawet trzecim językiem.

Definiując misję

W swoim rozwoju, arabski program dwujęzyczny napotkał wiele wątpliwości ze strony rodzin i członków społeczności, które narzuciły potrzebę doprecyzowania charakteru tej inicjatywy. Dla niektórych, nauka języka arabskiego przynosi korzyści w uczestniczeniu w religijnych tradycjach Islamu, zwłaszcza w czytaniu Koranu. Początkowo, wielu rodziców wyrażało obawy, że program będzie kładł większy nacisk na aspekt religijny, niż językowy, mimo iż program miał funkcjonować w przestrzeni szkoły publicznej. By zapewnić bezpośrednią komunikację, od samego początku, dyrektorka Carol Heeraman jasno deklarowała, że szkoła nie jest związana z żadną tradycją religijną oraz, że misja szkoły ma charakter czysto edukacyjny i akademicki. Starannie określona misja, pomogła w rozwoju dwujęzycznych i „dwupiśmiennych" uczniów w nauce angielskiego i arabskiego. Nacisk położony na przejrzystość misji pomógł arabskiemu programowi odsunąć wszystkie wątpliwości i podejrzenia.

Po kilku miesiącach intensywnej współpracy i planowania, arabski program dwujęzyczny w szkole P.S/I.S 30 otworzył swoje drzwi we wrześniu 2013 roku. Dwujęzyczny program nauczania był pomyślany w taki sposób, aby podzielić dzień na dwie części - poranne zajęcia odbywały się po arabsku, a po południowe po angielsku, lub vice versa. Obecnie szkoła oferuje nauczanie dwujęzyczne od poziomu zerówki do trzeciej klasy, każdego roku dodając kolejną klasę (wraz z postępem początkowej klasy programu). Jako iż dyrektor Heeraman, jest również dyrektorką gimnazjum I.S 30, planuje ona rozszerzenie nauczania dwujęzycznego, aż do 8 klasy.

Arabski poprzez swoje usankcjonowane znaczenie jako język międzynarodowy, podniósł popularność szkoły P.S/I.S. 30 w dzielnicy. Carol Heeraman potwierdza:

> Dla moich rodziców, którzy są osobami światowymi i kompetentnymi, jest to bardzo ważny aspekt. Wciąż dobijają się do drzwi, chcąc zapisać swoje dzieci do programu. W przyszłym roku, mamy nadzieję stworzyć, nie jedną, jak to było do tej pory, lecz dwie grupy zerówki. I potem kontynuować naukę, aż do 8 klasy... nie mogę doczekać się momentu, gdy małe dzieci, będące teraz w 2 klasie, ukończą naszą szkołę. Ósmoklasiści, którzy będą dwujęzyczni i „dwupiśmienni" - to będzie wspaniałe. Przeprowadzimy całą ceremonię ukończenia szkoły w języku arabskim. To fenomenalne, że wszystko to stało się możliwe[63].

Ta wizja przyszłości stworzona i wprowadzona w życie przez dyrektor Heeraman, stanowi prawdziwą inspirację. Jej pasja przywódcza i zapał do działania na rzecz arabskiego programu dwujęzycznego w jej społeczności, nie przestają wpływać na życie wielu dzieci i rodzin, które uczestniczą w programie.

Mimo ostatnich trudności i komplikacji w obliczu przeciwności, arabskojęzyczna wspólnota Nowego Jorku osiągnęła ogromny sukces w ustanowieniu dwóch programów dwujęzycznych, w ostatnich latach. Jednym z głównych powodów ich sukcesu, było bezwarunkowe wsparcie ze strony administracji szkolnej, fundacji, oraz lokalnych organizacji, które sprawiają, że tego rodzaju, cenne programy mogą istnieć nawet w dzisiejszej atmosferze politycznej. Historia arabskiego programu dwujęzycznego, zapewnia bardzo istotny i równocześnie nieco nieoczekiwany uzupełniający dodatek do historii Rewolucji dwujęzycznej. Jasno obrazuje wagę współpracy i wsparcia z wielu różnych stron. Mimo swojego aktywnego zaangażowania w program dwujęzyczny, arabskojęzyczni rodzice nie byli tym razem inicjatorami programu. Dla arabskich programów dwujęzycznych w Nowym Jorku, potrzeba było całej wioski do rozpoczęcia własnej Rewolucji dwujęzycznej.

ROZDZIAŁ 8

Świętowanie kultury: program dwujęzyczny polskiej wspólnoty

Greenpoint, położony w północnym Brooklynie, jest miejscem powstania pierwszego polskiego programu dwujęzycznego w Nowym Jorku. Program rozpoczął swoje działanie w P.S. 34 we wrześniu 2015 r., jedną grupą przedszkolną i ma rozszerzać się co roku, wraz z nowymi rocznikami rozpoczynającymi edukację. Przez prawie półtora wieku P.S. 34, funkcjonowała jako instytucja lokalna na Greenpoincie, dzielnicy znanej przez swoją dużą polsko-amerykańską społeczność, o czym świadczy jej pseudonim "Mała Polska". Dzielnica ta szczyci się, drugą co do wielkości liczbą osób mówiących po polsku w Stanach Zjednoczonych, zaraz po Chicago[64], będącej wynikiem przybyciem wielu Polaków do Nowego Jorku przed końcem XX wieku[65]. Manhattan Avenue jest sercem „Małej Polski", można tam znaleźć wiele polskich sklepów mięsnych z pętami kiełbasy, piekarnie z polskim chlebem i babkami drożdżowymi, oraz supermarkety z polskimi marynatami, dżemami czy kapustą. Wraz z powstaniem polskiego programu dwujęzycznego, szkoła P.S. 34 stała się symbolem bogatej historii Greenpointu, jak i symbolem rewolucji dwujęzycznej na Brooklynie.

Uruchomienie programu dwujęzycznego, w kulturalnie i historycznie polskiej dzielnicy Brooklynu, było ważnym wydarzeniem zarówno dla polskiej społeczności, jak i dla całego miasta. Podczas inauguracji programu w 2015 roku, obecni byli rodzice, lokalni urzędnicy miejscy, dyplomaci, a także lokalne, polskie stacje informacyjne[66]. Nadinspektor dzielnicy 14, Alicja Winnicki, która jest polską emigrantką i byłą dyrektorką szkoły P.S. 34, pogratulowała stworzenia programu w sercu Greenpoint, dyrektor Carmen Asselta, a także nauczycielom i rodzicom. Urszula Gacek, Konsul Generalny RP w Nowym Jorku, pochwaliła dwujęzyczną ofertę szkoły. Mając na względzie swoje pochodzenie -

Gacek jest urodzoną w Anglii, wykształconą na Oksfordzie, córką polskich imigrantów, którzy zostali polskimi senatorami i posłami do Parlamentu Europejskiego - Konsul wyjaśniła: "Nie mogę sobie wyobrazić, by nie wspierać polskiego programu dwujęzycznego". Otwarcie programu było dla wszystkich podniosłym momentem i stanowiło kulminację wysiłków wielu oddanych rodziców, wychowawców oraz działaczy społecznych.

Siła współpracy

Carmen i Alicja przypisują sukces uruchomienia programu dwujęzycznego zaangażowaniu rodziców. Grupa założycielska rozpoczęła prace nad swoją inicjatywą w 2014 roku od sondażu wśród społeczności, którego celem było zbadanie zainteresowania polskim programem dwujęzycznym. Kiedy zdali oni sobie sprawę, że liczba potencjalnych uczniów jest wystarczająco wysoka, skontaktowali się z Carmen i poprosili ją o rozważenie wprowadzenia programu dwujęzycznego po polsku. Julia Kotowski wspomina:

> Pomysł wyszedł od polskich matek siedzących w parku. Ktoś powiedział, że istnieje prawo, które pozwalana stworzenie programu dwujęzycznego w szkole. Kilka z nas zebrało się razem, przeprowadziło badania i napisało listy do dyrektor Asselty, dotyczący naszej inicjatywy stworzenia takiego programu. To wtedy spotkaliśmy się z kuratorką Alicją Winnicki, która przedstawiła nasz pomysł Departamentowi Edukacji[67].

Jak pokazują inne przykłady, przytoczone w pozostałych rozdziałach tej książki, wiele programów dwujęzycznych rozpoczyna się właśnie od kampanii prowadzonych przez rodziców. Jednak, przypadek polskiej inicjatywy jest wyjątkowy, ze względu na nadzwyczajne wsparcie, które rodzice otrzymali od kuratora, administracji szkoły i grona pedagogicznego P.S 34. Aby starania rodziców mogły zakończyć się sukcesem, kadra zarządzająca szkołą, szybko spotkała się z przedstawicielami Biura Nauczycieli Języka Angielskiego. Podczas spotkania, przedstawili konkretne dane zebrane przez rodziców na temat liczby uczniów w Greenpoint, którzy kwalifikują się do udziału w programie dwujęzycznym, a także na temat liczby zainteresowanych programem rodzin. Projekt został dobrze przyjęty, a dzięki wsparciu społeczności i systemu szkolnego szybko stał się rzeczywistością.

Jasno wyznaczony cel

Program dwujęzyczny w P.S. 34 ma na celu zapewnienie uczniom, którzy są „English Language Learners", oraz tym biegle posługującym się językiem angielskim, wysokiego poziomu nauczania zarówno w języku polskim, jak i angielskim. Elżbieta Czastkiewicz, polskojęzyczna nauczycielka z przedszkola dwujęzycznego, tak wyjaśnia korzyści płynące z nauczania języka polskiego w klasie:

> Dzieci te, są tutaj urodzone i większość z nich mówi po polsku w domu. Ci, którzy mają rodzeństwo, zazwyczaj mówili między sobą po angielsku, kiedy wracali do domu. Teraz rodzice opowiadają mi, że ich dzieci wracają do domu i mówią po polsku. Miło było mi usłyszeć, że angielski nie jest już ich dominującym językiem. Są teraz bardziej pewni siebie i mogą udowodnić swoje umiejętności w domu. W tym wieku, w przedszkolu i pierwszej klasie dzieci chcą pokazywać rodzinie i rodzicom: "Zobacz, czego się nauczyłem! Tego właśnie się uczę!" Rodzice też tego chcą. Ważne w tym procesie jest także, budowanie takiej pewności siebie, aby dzieci nie bały się popełnić błędu[68].

Takie ustrukturyzowane podejście umożliwia uczniom rozwinięcie umiejętności szkolnych w swoim pierwszym języku, ale także, po pewnym czasie, przeniesienie tych umiejętności na drugi język. Po ukończeniu programu dwujęzycznego w piątej klasie, uczniowie powinni rozumieć, mówić, czytać i pisać zarówno w języku polskim, jak i angielskim. Dzięki starannemu zaplanowaniu programu w obu językach przez nauczycieli, uczniowie rozwijają się jako osoby dwujęzyczne w mowie, dwujęzyczne w piśmie, i dwukulturowe.

Część zajęć w klasie opartych jest na doświadczaniu i praktyce. Dzieci uczą się języka na przykład poprzez czytanie książek na głos, śpiewanie piosenek, plastykę, a także poprzez wycieczki i prezentacje wielokulturowe poza salą lekcyjną. Carmen opisuje przykład takich działań wzbogacających, w następujący sposób:

> Szkoły w naszej dzielnicy wzięły udział w projekcie Madlenka. Każda szkoła opracowywała własne projekty

zgodnie ze swoim profilem, czy misją nauczania. Madlenka to książka, która świętuje wielokulturowość oraz bogactwo różnorodności, przedstawione w sąsiedztwie Madlenki. Ta mała dziewczynka chodzi po okolicy, odwiedza sąsiadów, a każdy z nich reprezentuje inną część świata. Moje grupy z przedszkola zadecydowały, że chcą zbudować dzielnicę taką jak ta z Madlenki, na Greenpoincie. Ich podejście do zadania było następujące: to nasze sąsiedztwo - świętujemy bogactwo wielokulturowego Greenpoint'u[69].

W ramach tego projektu, dzieci z polskiej klasy dwujęzycznej udekorowały piekarnie, sklepy oraz domy polskimi flagami, a nawet obrazami znanych, polskich postaci narodowych. Świętując wielokulturowość w sąsiedztwie, które nazywają domem, dzieci poczuły dumę ze swojej polskiej kultury.

Nawet dzieci, które miały polskich korzeni, były podekscytowane i całkowicie zaangażowane w tego rodzaju działania. One mają również wiele zyskują dzięki polskiemu dwujęzycznemu programowi nauczania. W ostatnim czasie, program zyskał dużą popularność wśród rodzin nie-polskiego pochodzenia, które interesują się ofertami edukacyjnymi dla swoich dzieci. Carmen tak opisuje rozwój programu i jego atrakcyjność dla różnych grup rodziców:

Ta grupa przedszkolna jest bardzo interesująca, ponieważ uczestniczą w niej dzieci z pięciu rodzin, które nie są pochodzenia polskiego, ale które wybrały polski program. Rodziny te wybrały język polski tylko dlatego, że chcą, aby ich dzieci poznały nowy język. Kiedy ich dzieci dołączyły do programu, były zupełnie ciche, nie znały ani jednego słowa po polsku. Ich rodzice chcą tego, co ja nazywam "produktywną walką" - kiedy coś zaczynasz nic nie wiedząc, zmagasz się, ale na samym końcu udaje ci się coś osiągnąć, czegoś nauczyć - to jest właśnie ta „produktywna walka". Te rodziny chcą, aby ich dzieci zdobyły tego rodzaju doświadczenie[70].

Szkoła ma teraz obszerną listę oczekujących na przyjęcie do polskiego przedszkola dwujęzycznego. Pomimo limitu przyjęć, niektóre rodziny były nawet skłonne umieścić swoje dziecko w programie ogólnym, w nadziei, że w przyszłym roku mogłoby ono zostać przeniesione do programu dwujęzycznego. Podobnie, jak w przypadku udanych programów dwujęzycznych, popyt przewyższa podaż, a szkoły są ograniczone zbyt małą przestrzenią i niewystarczającymi zasobami. Dobrą wiadomością dla polskiego programu dwujęzycznego jest to, że ma wystarczająco dużo miejsca na rozwój, aby lepiej służyć potrzebom rosnącej społeczności.

Różne sposoby dbania o dziedzictwo

Oprócz programu dwujęzycznego, w celu zachowania tożsamości językowej i kulturowej społeczności o polskim pochodzeniu, regularnie organizowane są programy sobotnie i pozaszkolne. W przeszłości, wiele polskich rodzin w Nowym Jorku postrzegało sobotnie szkoły jako wystarczające, aby chronić dziedzictwo kulturowe swoich dzieci. W szczególnie biorąc pod uwagę fakt, że te rodziny chciały równocześnie, by ich dzieci miały kontakt językiem angielskim w szkole. Alicja Winnicki, kurator, wyjaśnia:

> Przez bardzo długi czas, nawet gdy byłam dyrektorką P.S. 34, gdzie ponad połowa uczniów pochodziła z polskojęzycznych domów, rodzice nie chcieli programu dwujęzycznego. Woleli oni, aby ich dzieci uczyły się angielskiego tak szybko, jak to tylko możliwe. Społeczność polska wysłała swoje dzieci do szkół publicznych, aby mogły one nauczyć się angielskiego i móc później odnieść tutaj sukces. Polskie dziedzictwo, kultura, język ... to była rola sobotnich szkół. Trend zaczął się odwracać niedawno, w znacznie młodszych rodzinach. Są to młodzi ludzie, którzy chcą, aby ich dzieci miały możliwość uczestniczenia w programie dwujęzycznym i uczenia się dwóch języków jednocześnie[71].

Ta zmiana w podejściu, szybko przyniosła nową wizję funkcjonowania polskich programów dwujęzycznych i sobotnich zajęć, a także tego w jaki sposób mogą one ze sobą współpracować, aby jak najlepiej służyć polskiej społeczności. Julia Kotowski, jedna z założycielek programu w P.S. 34, mówi:

> Sobotnie szkoły uczą polskiej kultury i historii. To jest coś, czego dzieci nie doświadczają podczas normalnych zajęć szkolnych. To jest coś, czego uczono nas w szkole w Polsce. To wcale nie zastępuje naukowej nauki języka polskiego, ale daje jej inny wymiar. To kolejna zaleta mówienia w obu językach[72].

Rodzice zaczęli zdawać sobie sprawę, że sobotnie szkoły były niewystarczająco skuteczne w utrzymywaniu więzi z ich dziedzictwem, a w przeciwieństwie do nich, programy dwujęzyczne dawały dzieciom szansę opanowania języka angielskiego i polskiego w ustrukturyzowany sposób. Dwa rodzaje instytucji polsko-angielskich uzupełnia się wzajemnie, zapewniając polskim rodzinom kompleksowy i rygorystyczny program kulturowo-językowy.

Dobre wyniki

Polski program dwujęzyczny przyjął z otwartymi ramionami dzieci o różnym pochodzeniu. Służy on zróżnicowanej, polonijnej społeczności w Nowym Jorku, kształcąc dzieci z rodzin polskiego pochodzenia, od niedawno przybyłych imigrantów, aż do drugiego, trzeciego lub czwartego pokolenia, łącząc ich ponownie z ich polskimi korzeniami. Carmen opisuje strukturę i osiągnięcia swojego programu w następujący sposób:

> Mamy rodziców, którzy są pierwszym pokoleniem mieszkającym w Stanach Zjednoczonych, rodziców, którzy są tutaj urodzeni, jak i tych którzy wyemigrowali, gdy byli jeszcze dziećmi i nie pamiętają życia w Polsce. W programie kształcą się dzieci mające polskich dziadków, ale które nigdy nie uczyły się polskiego. Teraz mają możliwość uczenia się języka swojego pochodzenia i to nigdzie indziej, ale w szkole[73].

Jedną z zalet oraz cech charakterystycznych programu dwujęzycznego, jest możliwość łączenia różnych pokoleń społeczności poprzez edukację. Dzięki zaangażowaniu w edukację w obydwu językach, nawiązywanie relacji z członkami rodziny, które stanowiło kiedyś wyzwanie z powodu bariery językowej, nie sprawia już kłopotu. To podejście stwarza nowe możliwości dla rodzin, szczególnie w społecznościach imigranckich i pozwala na zachowanie międzypokoleniowych więzi, jak i na wprowadzanie dzieci w świat zwyczajów, kultury ich kraju pochodzenia.

Dzięki istnieniu tego programu, relacje w tej zżytej ze sobą, polskiej społeczności zostały wzmocnione. Tętniąca życiem wspólnota, firmy, ośrodki kultury i organizacje kulturalne, takie jak Dobra Polska Szkoła, które odegrały znaczącą rolę we wspieraniu polskiej dwujęzycznej rewolucji, dały wyraz poparcia dla tego dwujęzycznego przedsięwzięcia i zainteresowały się rozwojem następnego pokolenia Polonii amerykańskiej. Alicja tłumaczy więź, jaką czuje ze swoim polskim dziedzictwem, w następujący sposób:

> Mamy silne poczucie przynależności i silny związek z naszą historią, naszymi zmaganiami, jako naród i tym, co nas łączy nas ze sobą. Często odwiedzam polską księgarnię na Greenpoincie, aby móc obcować z polską literaturą, kulturą czy poezją. Moja córka, będąc dzieckiem, słuchała swojego taty, recytującego z pamięci długie wiersze i miała szanse na poznanie swoich korzeni, które ugruntowały tym, kim jesteśmy. To część naszego dziedzictwa i wiem, jak mocno jest ono obecne w polskiej społeczności[74].

Poruszające świadectwo Alicji, podkreśla znaczenie bezpośredniego zetknięcia się z dziedzictwem i kulturą. Czas spędzony na obcowaniu z literaturą, lub nawet na rozmowie z rodziną i przyjaciółmi odgrywa rolę w tym, w jaki sposób każda rodzina, dziecko i osoba doświadcza własnej kultury.

Społeczność Greenpoint'u ma ogromne szczęście, że udało się jej zachować i dbać o swoje polskie korzenie. Stanowi ona przykład dla reszty kraju i świata, w jaki sposób należy pielęgnować wielokulturowy styl życia. Polski program dwujęzyczny jest świadectwem dumy społeczności ze swojego dziedzictwa oraz wyrazem chęci przekazania swoich tradycji kulturowych i językowych kolejnym pokoleniom Polonii amerykańskiej. Prosperujące społeczności wielokulturowe, są doskonałymi partnerami dla programów edukacyjnych w dwóch językach, które kształcą wysoce kompetentnych uczniów dwujęzycznych i dwukulturowych. Wspólnie, dzielnica po dzielnicy, partnerstwa te stanowią podstawę mającej miejsce rewolucji dwujęzycznej, która zarówno podtrzymuje cenne dziedzictwo językowe, jak i wzbogaca społeczności szkolne.

ROZDZIAŁ 9

Przecierając szlaki: pionierzy hiszpańskiej edukacji dwujęzycznej

Hiszpański jest drugim najczęściej używanym językiem w Nowym Jorku, a osoby dla których jest to język ojczysty stanowią niemal jedną czwartą wszystkich mieszkańców miasta. W rezultacie, wiele programów dwujęzycznych, zarówno nowych, jak i tych które już istnieją, łączą ze sobą hiszpański i angielski. Dwujęzyczne programy hiszpańskie szybko rozprzestrzeniły się, pojawiając się często w rozwijających się dzielnicach, gdzie wiele dzieci należy do grupy „English Language Learners". Zainteresowanie tymi programami wykracza daleko poza grupę osób dla których hiszpański jest językiem ojczystym i dociera do uczniów o różnym pochodzeniu i różnych umiejętnościach. Hiszpańska Rewolucja dwujęzyczna była na czele Rewolucji Dwujęzycznych, dzięki temu dzisiaj około 10 000 dzieci uczy się w ramach dwujęzycznych programów w Nowym Jorku. Dużą część sukcesu program zawdzięcza wszystkim osobom zaangażowanym w proces jego stworzenia, ale także kreatywności oraz poświęcenia pedagogów i administracji szkolnej. Ich historie tworzenia dwujęzycznych hiszpańskich programów nauczania, aby lepiej odpowiedzieć na zapotrzebowania społeczności hiszpańskojęzycznej są zarówno inspirujące, jak i motywujące, ilustrując jak daleko zaszła edukacja dwujęzyczna w ostatnich dekadach.

Jak to wszystko się zaczęło

Wielu myśli, że programy dwujęzyczne są wytworem niedawnej przeszłości, ale tak naprawdę obietnica dwujęzyczności w mowie i piśmie, czy dwukulturowości, które stanowią istotne aspekty dzisiejszych programów dwujęzycznych, są niczym innym niż odzwierciedleniem nadziei portorykańskich aktywistów i edukatorów z lat 60-tych, którzy prowadzili kampanie na rzecz pierwszych programów dwujęzycznych. Ofelia Garcia tłumaczy:

> Dwujęzyczność, jeśli jest dobrze nauczana, jest dokładnie tym czego pragnęła społeczność Puertorykańczyków dla swoich dzieci. Ci zaangażowani rodzice pragnęli prawdziwie dwujęzycznej edukacji, niezależnie od aspektów lingwistycznych[75].

Pomimo tego, że wyżej wspomniani pierwsi aktywiści pragnęli stworzenia angielsko-hiszpańskich programów dwujęzycznych, które pozwoliłyby ich dzieciom dorastać i rozwijać umiejętności w dwóch językach, to ich cel początkowo nie znalazł odbicia w rzeczywistości. Powodem tej sytuacji był fakt, że historia edukacji dwujęzycznej w Nowym Jorku jest bardzo skomplikowana przez kontekst polityczny oraz walkę społeczną, które przekładały się w różnoraki sposób na sytuację klasową. Debata na temat czym jest, lub powinna być, edukacja dwujęzyczna nadal się toczy i często jest łączona z wywołującymi emocje dyskusjami na temat imigracji oraz asymilacji w Stanach Zjednoczonych. Garcia opisuje napięcie pod powierzchnią z przeszłości oraz jego wpływ na hiszpańską edukację dwujęzyczną:

> W tamtym czasie edukacja dwujęzyczna zajmowała zupełnie inne miejsce. Miasto składało się głównie z Puertorykańczyków. Wszyscy z nich mówili po hiszpańsku, co wtedy miało mocne polityczne podłoże. Ci pionierzy chcieli stworzyć program dwujęzyczny, który zadbałby o kontynuację językową w społeczności, a nie tylko o tych, którzy nie znali angielskiego. Wprowadzone programy szybko straciły swoją rację bytu, ponieważ wszyscy w tej grupie społecznej nauczyli się angielskiego i nie kwalifikowali się już do tych programów. Od samego początku, istniało napięcie między tym czego pragnęła społeczność hiszpańskojęzyczna, a tym co szkoły były chętne do zaoferowania. Aż w końcu, gdy rozpoczął się ruch dwujęzyczny, poczuli się oni, jakby byli pominięci[76].

Zamiast programów dwujęzycznych, które budowałyby na płynności w posługiwaniu się zarówno angielskim, jak i hiszpańskim, programy nauczania skierowane do osób hiszpańskojęzycznych, od samego początku, miały raczej na celu promowanie jednojęzyczności i wysokiego poziomu opanowanie angielskiego. Ta oferta skierowana była wyłącznie dla uczniów, którzy nie posługiwali się płynnie językiem angielskim, podczas zajęć używano hiszpańskiego jedynie jako narzędzia do nauczania angielskiego, tym samym pomijając uczniów, posiadających korzenie hiszpańskojęzyczne, urodzonych w Stanach Zjednoczonych, albo tych którzy przybyli do kraju znając już angielski.

Sytuacja zaczęła się stopniowo zmieniać w zakresie edukacji dwujęzycznej. Zaczęto publikować badania naukowe, które pokazywały korzyści płynące z edukacji dwujęzycznej i nauczania w dwóch językach. Aktywiści dwujęzyczni zaczęli mieć silniejszą pozycję w szkołach i administracji Nowego Jorku, podnosząc rangę kwestii związanych z edukacją dwujęzyczną. Carmen Dinos, emerytowana profesor w dziedzinie edukacji oraz pionierka w edukacji dwujęzycznej, stworzyła pierwszy dwujęzyczny program w szkołach publicznych w latach 60-tych i 70-tych. Tłumaczy swoje doświadczenie w zakresie edukacji dwujęzycznej w następujący sposób:

> Pod koniec ruchu o Prawa Cywilne, stworzone zostało Biuro Dwujęzyczne, podlegające Board of Education, na którego czele stanął Hernan LaFontaine – były dyrektor pierwszej dwujęzycznej szkoły P.S 25 na Bronksie. Biuro miało obejmować swoimi działaniami całe miasto. To wtedy zrozumiałam, że edukacja jest bardzo blisko powiązana z polityką. Zagadnienia związane z edukacją dwujęzyczną rozwijały się w szybkim tempie, coraz więcej badaczy w Kanadzie wykazywało zalety płynące z edukacji dwujęzycznej. Nagle nie była to jedynie „zachcianka". Mieliśmy twarde dowody na to, że takie programy są dobre dla naszych dzieci[77].

Administracja szkolna również zaczęła interesować się tą nową modą na edukację w dwóch językach, mądrze kryjąc negatywnie nacechowane słowo „dwujęzyczność". Ofelia Garcia opisuje tok myślenia i strategię wprowadzania programu przez jednego z pierwszych dyrektorów szkoły dwujęzycznej:

> W tamtym czasie, było paru wizjonerów. Jednym z nich był Sid Morrison, dyrektor szkoły P.S 84. W połowie lat 80-tych Sid zaczął mówić: „To co istnieje, nie działa. Społeczność się zmieniła, to już nie jest ta sama jednojęzyczna hiszpańska grupa. Dzisiaj szybko się gentryfikuje. Musimy mieć gotowy program dla wszystkich którzy chcieliby dołączyć." Aby

oddalić się od przejściowych programów dwujęzycznych, postanowił, że jego program będzie nazywać się „dwu – językowy", termin który szybko zaczął zyskiwać popularność[78].

Ta strategia działała. Wraz z pomocą oddanych edukatorów, administracji oraz rodziców, hiszpańskie dwujęzyczne programy rozpoczęły podbój Nowego Jorku. W momencie pisania tej książki, 45 szkół kształciło więcej niż 10 000 uczniów w programach dwujęzycznych zaczynając od przedszkola, aż po liceum.

Pod kierownictwem Carmen Farina, która była szefową Departamentu Edukacji, kładziono niesamowity nacisk na rozwój programów dwujęzycznych. Jej zastępczyni, Milady Baez, opisuje filozofię Departamentu w kwestiach związanych z edukacją dwujęzyczną w taki sposób:

> Rozumieliśmy, że edukacja dwujęzyczna niesie pewnego rodzaju bagaż historii w Stanach Zjednoczonych. Historii, która nie zawsze jest pozytywna. Istniało wiele grup, które musiały walczyć i zmagać się o uznanie swoich praw. Musieliśmy przekonywać rodziców, że ich dzieci powinny uczyć się w dwóch językach. Wiemy, że dzieci mają potencjał i zdolność do przekładania wiedzy z jednego języka na drugi. Wiemy, że nasi uczniowie, którzy mówią więcej niż jednym językiem, osiągają wyższe wyniki niż ci, którzy posługują się tylko jednym[79].

Tego rodzaju wsparcie na najwyższym poziomie administracyjnym jest niesamowicie ważne dla edukacji dwujęzycznej, ponieważ to te osoby decydują o stworzeniu nowych programów.

Milady, dla której hiszpański jest językiem ojczystym, rozwinęła również głębokie, osobiste więzy z dziedziną edukacji dwujęzycznej. Jako młoda imigrantka świeżo przybyła do Stanów Zjednoczonych, nie była w stanie zrozumieć języka nauczania w klasie. Dzięki temu doświadczeniu Milady Baez została nauczycielką dwujęzyczną, a później dyrektorką szkoły w Jackson Heights w Queens. Tam Milady była w stanie stworzyć coś, co nazwała "wymarzoną szkołą", gdzie utworzyła dwujęzyczne programy w języku hiszpańskim, tak aby "każdy uczeń i rodzina miał możliwość uzyskania dostępu do programu nauczania, którego tak pragnęli."

Dzisiaj, jako zastępca szefa w Departamencie Edukacji, Milady zajmuje się zarządzaniem i tworzeniem programów dla osób uczących się języka angielskiego. Nieustannie zachęca rodziców do walki o prawo do dwujęzycznych programów edukacyjnych w szkołach publicznych. Milady potwierdza, że aby osiągnąć swój cel, czasami wystarczy zapytać: Rodzice mają bardzo istotną rolę w naszym systemie edukacji. Wielu rodziców nie wie, że jeśli zjednoczy się i jeśli poprosi o te programy, dyrektorzy będą odpowiedzialni za ich realizację w swoich szkołach[80].

Bliska współpraca z nauczycielami i administracją szkolną, reprezentowanymi przez osoby takie jak Milady, często zaczyna się od oddolnych akcji rodziców i prostego zapytania. Milady serdecznie przyjęła pomysł otwarcia programów dwujęzycznych oraz stworzenia warunków dwujęzyczności dla uczniów o różnym pochodzeniu językowym. Zaangażowanie Milady i oddanie służbie wspólnocie w sposób, który odpowiada jej potrzebom i celom, jest doskonałym przykładem pozytywnej roli, jaką może odegrać administracja szkolna w procesie Rewolucji Dwujęzycznej.

Kilka błyskotliwych przykładów

Jednym z niezliczonych hiszpańskich programów dwujęzycznych, które istnieją dzisiaj w Nowym Jorku jest program w szkole P.S. 133 na Brooklynie. Tam w 2012 roku otwarto pierwszą hiszpańsko-angielską dwujęzyczną grupę przedszkolną. Jako iż świat hiszpańskojęzyczny jest bogaty w różnorodność, dzieci biorące udział w programie w P.S. 133 sięgają do długiej historii relacji między hiszpańskojęzyczną społecznością, a Nowym Jorkiem. Według modelu 50/50, połowa studentów mówi po angielsku, a połowa po hiszpańsku, z czego połowa codziennych zajęć ze wszystkich przedmiotów odbywa się w języku hiszpańskim, a druga połowa w angielskim. W zeszłym roku szkoła P.S. 133, wraz z czternastoma innymi szkołami w Nowym Jorku, została mianowana „Modelowym Programem Dwujęzycznym" przez Carmen Fariña, byłą Chancellor Departamentu Edukacji[81].

Szkoła Amistad Dual Language School została założona przez grupę nauczycieli i rodziców prowadzoną przez Elia Castro, dwujęzycznego wychowawcę, przy wsparciu Lydii Bassett, byłej dyrektor szkoły Hayward Burns i New Visions for Public Schools, organizacji non-profit, która działa na rzecz odnowy i poprawy stanu szkół publicznych w Nowym Jorku. Amistad powstała w północnym Manhattanie w 1996 roku i oferuje swoim uczniom w Washington Heights, Hamilton Heights i Inwood hiszpańsko-angielskie dwujęzyczne programy nauczania dla uczniów angielskojęzycznych jak i hiszpańskojęzycznych[82].

Podstawową zasadą nauczania w Amistad jest to, że dzieci uczą się drugiego języka, w taki sam sposób, jak pierwszego. Nauczyciele wykorzystują wiele strategii języka angielskiego jako „drugiego języka" (ESL) do nauczania języka hiszpańskiego jako „drugiego języka". Sposób, który okazał się skuteczny, niezależnie od języka ojczystego dziecka. Szkoła stosuje podejście multidyscyplinarne, oferując kompleksowy program zajęć z zakresu muzyki, tańca, sztuk wizualnych i teatralnych, a także z tradycyjnych przedmiotów szkolnych. Dzięki praktycznemu i opartemu na projektach podejściu do uczenia się, Amistad rozwija kreatywność i intelektualną ciekawość swoich uczniów, jednocześnie pozwalając im osiągnąć biegłość językową. Deklaracja misji szkoły uosabia unikalne podejście do edukacji w dwóch językach:

> Szkoła Amistad Dual Language School to społeczność uczących się, która dostosowuje się do indywidualnych potrzeb każdego ucznia. Wspólnie rozwijamy poczucie odpowiedzialności i solidarności poprzez celebrowanie kultury, języka i różnorodności. Nasze dzieci wejdą w życie, gotowe sprostać wymaganiom akademickim i społecznym, wykorzystując pasję do odkrywania i siłę dwóch języków. Nasza polityka przypisywania do klas językowych różni się między klasami, tak aby jak najlepiej odpowiedzieć na potrzeby uczniów i umożliwić naukę pisania i mówienia w danym języku.

Amistad została oceniona jako pięciogwiazdkowa szkoła przez Great Schools, krajowy ranking i źródło informacji o wynikach w szkole. Udokumentowane sukcesy szkoły w kształceniu uczniów dwujęzycznych to główny powód, dla którego rodziny się nią interesują. Według Miriam Pedraja, byłej dyrektor szkoły, w trzeciej klasie około 70 procent hiszpańskojęzycznych uczniów, którzy zapisali się do szkoły w przedszkolu, nauczyło się równie dobrze angielskiego i hiszpańskiego[83].

Cypress Hills Community School na Brooklynie przyjęła inne podejście. Oferuje hybrydowy hiszpański dwujęzyczny program zarówno w szkole jak i w lokalnym centrum kultury. W 1997 roku, dzięki wsparciu

New Visions for Public Schools, szkoła została założona przez rodziców i Cypress Hills Local Development Corporation. Silne przywództwo rodziców jest cechą charakterystyczną szkoły, o czym świadczy fakt, że Maria Jaya, rodzic, jest obecnie dyrektorem. Wspomina jak ona i inni rodzice walczyli o edukację swoich dzieci:

> Rewolucja zaczęła się trzydzieści lat temu, ale [oryginalny] program powstał dopiero dziesięć lat później. Nasze dzieci były w tak zwanym programie "dwujęzycznym", ale programy nie były dobrze zaprojektowane, ani dobrze przygotowane. Niektórzy nauczyciele nie mieli odpowiednich kwalifikacji. Rodzice nie posiadali odpowiednich informacji. Sposób, w jaki przydzielałam uczniów do programu dwujęzycznego, nie opierał się na diagnozie ich potrzeb, ale latynosko brzmiącym nazwisku. Spotkania rodziców odbywały się w języku angielskim, więc musieliśmy korzystać z tłumacza. W końcu spotkania zaczęły być tłumaczone, jednakże rodzice, którzy prosili o tłumaczenie byli usadzani w kącie pokoju. To sprawiało, że osoba tłumacząca ponosiła ogromną odpowiedzialność, a rodzice oddzieleni od reszty grupy zmagali się jeszcze bardziej z przekazywaniem swoich opinii. To była nasza pierwsza walka: chcieliśmy wziąć pełen udział w spotkaniach i chcieliśmy być częścią edukacji naszych dzieci, ale nie mieliśmy takiej możliwości. Wkrótce nauczyciele zauważyli tę grupę rodziców, którzy naprawdę chcieli zmian i zaczęli przekazywać nam informacje[84].

Historia Cypress Hills odzwierciedla zmagania, z jakimi borykała się hiszpańska edukacja dwujęzyczna w całym Nowym Jorku, podczas gdy rodzice optowali za stworzeniem programów, które wzmocniłyby ich wspólnoty w obydwu językach. Wymagało to wytrwałości i dużej odwagi, by żądać programów, których chcieli i na które zasługiwali, zwłaszcza po latach ofert, które nie spełniły oczekiwań społeczności hiszpańskojęzycznej.

Przeszkody w Cypress Hills ograniczały się nie tylko do kwestii zebrań czy rodziców. Przez pierwsze trzynaście lat istnienia Szkoła Społeczna Cypress Hills działała w różnych budynkach szkolnych i bez stałej bazy. W Cypress Hills nie było dostępu do sali gimnastycznej, nie było biblioteki, auli, szkoła zmagała się również z zbyt dużo liczbą dzieci w klasach, a zajęcia odbywały się w starych, przenośnych salach lekcyjnych.

W 2010 roku szkoła przeniosła się do zupełnie nowego budynku powstałego w wyniku wielu lat niezwykle ciężkiej pracy rodziców, uczniów i społeczności Cypress Hills, a także wysiłków urzędników. Ostatecznie wsparcie Rady Miejskiej, Departamentu Edukacji i Szkolnego Urzędu Budownictwa było kluczowe w stworzeniu przestrzeni, która odpowiadała propozycjom uczniów, rodziców i nauczycieli. W wyniku prawdziwego poświęcenia i niestrudzonych wysiłków, szkoła ma teraz odpowiednie, starannie zaprojektowane sale lekcyjne z dostępem do nowoczesnej technologii, szklarnię, laboratorium naukowe, sporą i dobrze zaopatrzoną bibliotekę, przestrzenie poświęcone sztuce, szkolną kawiarnię oraz wielofunkcyjną siłownię[85].

Szkoła wciąż dalej się rozwija, zapewniając coraz więcej możliwości edukacyjnych w obszarze dwujęzyczności. W ciągu tygodnia Centrum nauki Cypress Hills oferuje przedłużony dzień szkolny, tak aby zapewnić dodatkowe warsztaty w zakresie sztuki, tańca, muzyki, sportu, rozwiązywania konfliktów i wsparcia akademickiego. Szkoła współpracuje również z organizacjami takimi jak Young Audiences New York i Brooklyn Queens Conservatory of Music. Programy i inicjatywy Cypress Hills stanowią wzorcowy model dla innych zainteresowanych tworzeniem własnych programów wzbogacania dwujęzycznego.

Te hiszpańskie programy dwujęzyczne służą jako źródło inspiracji dla przyszłych pionierów edukacji dwujęzycznej, pomagając przesuwać granice i zapewniają dzieciom możliwość stania się dwujęzycznymi lub zachowania swojej dwujęzyczności. Utorowały drogę programom dwujęzycznym w Stanach Zjednoczonych, będąc w czołówce przemian i rozwoju edukacji dwujęzycznej. Bez determinacji, zaangażowania i inspiracji pochodzącej od rodziców i wychowawców, którzy walczyli o prawo do rozwijania programów dwujęzycznych, które kształcą dzieci, nie byłoby dziś dwujęzycznej rewolucji.

ROZDZIAŁ 10

Odnosząc sukces: High School for Dual Language i Asian Studies

Rodzice i nauczyciele zaangażowani w ruch dwujęzyczny, stale poszukują sposobów na ulepszenie swoich szkół, zaspokojenie potrzeb uczniów i alternatyw dla edukacji opierającej się na wynikach testów. Z powodu mnogości różnych podjeść do edukacji dwujęzycznej, wiele osób może zastanawiać się, jak wygląda najwłaściwsza ścieżka. Często programy dwujęzyczne rozwijają się oddolnie, każdy na swój sposób, w istocie zdarza się, że jest to proces „wymyślania koła na nowo" wraz z tworzeniem każdego nowego programu. Mając to na uwadze, koniecznym jest promowanie dzielenia się wiedzą, wprowadzanie standardów, zapewnianie zasobów, materiałów dydaktycznych, oraz upewnienie się, że praktyki nauczania współgrają z praktykami wprowadzonymi w udanych programach dwujęzycznych. Aby kontynuować rewolucję dwujęzyczną i ograniczyć znaczne obciążenie pracą, które wiąże się z wdrażaniem nowych ofert edukacyjnych, istotnym jest uczenie się od szkół, które już opracowały własne zasoby i są na ścieżce do sukcesu.

Przykładowy model

High School for Dual Language and Asian Studies wyróżnia się jako przykład, z którego można się wiele nauczyć. Założona w 2003 roku, jest wysoce konkurencyjną instytucją z uczniami, będącymi zarówno rodzimymi użytkownikami języka angielskiego, jak i tymi którzy posługują się na co dzień językiem mandaryńskim. Działająca w centrum Manhattanu, na piątym piętrze starego budynku szkoły, kształci się tam ponad 400 uczniów, pochodzących z rodzin posługujących się angielski, hiszpańskim, bengali, oraz połączeniem chińskich dialektów, takich jak mandaryński, kantoński, taosonese, fuzhonese, szanghajskim, oraz wenzounese. Od lat uczniowie szkoły średniej osiągali wysokie wyniki w zakresie między innymi języka angielskiego oraz matematyki. Pomimo stosunkowo wysokiej liczby dzieci znajdujących się w trudnej sytuacji ekonomicznej, szkoła osiąga sukcesy w krajowych i stanowych rankingach, opierających się na wynikach uczniów w testach zewnętrznych oraz ich przygotowania do podjęcia studiów[86]. Zgodnie z zapisem w swojej misji, szkoła:

> Poświęca się zapewnieniu wysokiej jakości kształcenia i doradztwa w celu promowania akademickiego i społecznego rozwoju uczniów, ich zdolności językowych, a także doceniania kultury oraz międzynarodowej i globalnej świadomości[87].

Większość programów dwujęzycznych w Stanach Zjednoczonych kończy się po piątej klasie. Biorąc to pod uwagę, ta szkoła jest wyjątkowa, ponieważ oferuje program dwujęzyczny, jako jedna z niewielu publicznych szkół średnich w Stanach Zjednoczonych. High School for Dual Language i Asian Studies należy do szkół opisanych w "Schools to Learn From", wartych uwagi badaniach przeprowadzonych przez Uniwersytet Stanforda przy wsparciu Carnegie Corporation of New York. W studium przypadku autorzy dokonali dogłębnej analizy programu dwujęzycznego, aby zrozumieć, dlaczego ta szkoła szczególnie dobrze sobie radzi z przygotowaniem uczniów do podjęcia studiów i do wejścia na rynek pracy. W swoich rozmowach ze uczniami, rodzicami i pedagogami, naukowcy podkreślali "niegasnące zaangażowanie społeczności szkolnej w służbę uczniom i skupianie się na ich mocnych stronach i potrzebach"[88].

Te pochwały dodatkowo podkreślają sukces osiągnięty dzięki wysiłkom społeczności szkolnej, będącej siłą, z którą należy liczyć się w edukacji dwujęzycznej. Jej niestrudzona praca i ciągłe podnoszenie poprzeczki pozwoliły wprowadzić szkołę na poziom krajowy i międzynarodowy, co dodatkowo świadczy o wynikach włożonych wysiłków.

Stworzenie unikalnego programu

Ron Woo, profesor prawa oświatowego i konsultant Metropolitan Center for Research for Equity and the Transformation of Schools, był inicjatorem powstania High School for Dual Language i Asian Studies pod kierownictwem ówczesnego kanclerza departamentu Edukacji, Joel Klein. Ron wspomina:

> W 2003 r. Kanclerz poprosił mnie o pomoc w opracowaniu jakiegoś innowacyjnego programu. Zaproponowałem stworzenie dwujęzycznego liceum w dawnej szkole średniej Seward Park, dużej instytucji, która nie radziła sobie dobrze. To było na początku administracji Bloomberg'a, kiedy szkoły ze zbyt niskimi wynikami były zamykane. Problem tkwił w tym, że tworzono małe szkoły, ale zapomniano stworzyć szkołę dla znacznej liczby chińskich imigrantów w Seward Park. Spotkaliśmy się i powiedzieliśmy: "Dlaczego nie spróbować chińskiego programu dwujęzycznego? Byłby to haczyk dla chińskiej społeczności imigrantów, a znaleźliby się również inni, którzy mogliby nauczyć się chińskiego jako języka obcego[89].

Propozycja otwarcia szkoły dla chińskich uczniów-imigrantów otrzymała pełne poparcie kanclerza i była pierwszą tego rodzaju szkołą w kraju. Zespół założycielski miał za zadanie zidentyfikować zasoby potrzebne do stworzenia szkoły i w tym celu, spotkał się z China Institute of America[90] i Asia Society[91] w Nowym Jorku, które pomogły w opracowywaniu programów nauczania. Zespół wybrał również w procesie rekrutacji Li Yan'a, obecnego dyrektora, który przekształcił ich teoretyczną wizję szkoły w High School for Dual Language i Asian Studies.

Szkoła znajduje się w czołówce dwujęzycznych szkół średnich. Tego typu szkoły średnie oferują program przygotowawczy do college'u i zapewniają możliwość kontynuacji nauki dwujęzycznej po szkole podstawowej i gimnazjum. W związku z tym, że High School for Dual Language i Asian Studies ma bardzo dobrą pozycję i odnosi sukcesy, niewiele osób pamięta, jak trudno było przekonać rodziny do przystąpienia do programu, kiedy szkoła po raz pierwszy otworzyła swoje drzwi. Dyrektor Li Yan wspomina:

Ludzie muszą przywyknąć do idei nowej szkoły. Rodzice mówili mi podczas spotkań: "Państwa szkoła jest zupełnie nowa! Dlaczego mielibyśmy wysłać do niej nasze dzieci? Nie macie przecież Państwo nic do zaprezentowania". Miałem wiele problemów z rodzicami, którzy nie chcieli posłać do nas swoich dzieci. Przez pierwsze trzy, cztery lata było to bardzo trudne, ponieważ rodzice szukali rezultatów, a ja nie miałem nic do pokazania. To była gra w przekonywanie. Upewnialiśmy się, że rodzice wiedzą o wszystkim co robiliśmy w szkole, o każdym sukcesie. Właściwie poprosiliśmy każdego ucznia o zaprezentowanie rezultatów swojej pracy, co pozwoliło nam przekonać wielu rodziców. Cztery lata po pierwszym ukończeniu szkoły przez pierwsze roczniki, zaczęliśmy budować naszą reputację[92].

Spojrzenie w przeszłość pozwala zobaczyć, jak bardzo daleko zaszła szkoła. Spostrzeżenia dyrektora Li Yan'a wskazują na bardzo ważne zjawisko, które działa na niekorzyść tworzenia programów dwujęzycznych: lęk przed nieznanym. Uwidacznia się ono, gdy uczniowie dorastają, zwłaszcza na poziomie szkoły średniej, a rodziny coraz bardziej niepokoją się wybraniem odpowiedniej szkoły, która najlepiej przygotuje ich do procesu aplikacji na studia. Jednak w przypadku każdej szkoły dwujęzycznej lęk zmniejsza się, dopiero gdy rodzice stają się bardziej świadomi wielu korzyści płynących z tego rodzaju edukacji. Historia Yan'a, nauczycieli ze szkoły, uczniów, zaangażowane rodziny ukazuje, że High School for Dual Language i Asian Studies jest niczym innym, a ogromnym sukcesem.

Kulturowy i językowy program

W przeciwieństwie do innych miast, wybór liceum w Nowym Jorku jest procesem otwartym, w którym każdy uczeń gimnazjum może wybrać z listy dostarczonej przez Ministerstwo Edukacji, aż do dwunastu szkół. Aby zostać zaakceptowanym przez High School for Dual Language i Asian Studies, potencjalni kandydaci nie muszą znać języka chińskiego lub angielskiego, dzięki dwóm funkcjonującym tam programom: jednym dla osób anglojęzycznych, drugim dla osób chińskojęzycznych. W efekcie niektórzy uczniowie rozpoczynają naukę języka w bardzo późnym wieku. Profesor Ron Woo opisuje ambitne cele programu w następujący sposób:

Model został zbudowany z założeniem, że uczniowie przed zakończeniem szkoły będą w pełni dwujęzyczni. Ci, którzy zaczęli bez znajomości chińskiego, mają czas, aby nadrobić zaległości w ciągu czterech lat edukacji. Uczniowie, dla których chińskich jest rodzimym językiem albo byli już dwujęzyczni, nadrabiali zaległości w angielskim, ponieważ często byli to uczniowie pochodzący z rodzin imigranckich. Przed rozpoczęciem drugiej klasy, nawiązuje się między nimi świetnia współpraca. Oczywiście każdy z nich ma inny poziom znajomości języka, co czasem wywołuje pewne napięcia, ale przynajmniej nie można narzekać na nudę[93].

Jak zauważa profesor Woo, ta szybka przemiana w liceum z jednojęzyczności do dwujęzyczności jest szlachetnym, choć czasami trudnym, celem. Zapewnianie uczniom szkoły średniej możliwości posługiwania się i mówienia płynnie w drugim języku, jak jest to możliwe w High School for Dual Language i Asian Studies, jest niesamowitym osiągnięciem.

Wcześniejsze wykształcenie chińskojęzycznych, jak i anglojęzycznych uczniów jest bardzo zróżnicowane. Niektórzy uczniowie chińskojęzyczni urodzili się w Chinach i uczęszczali tam do szkoły podstawowej i gimnazjum, zanim przeprowadzili się do Stanów Zjednoczonych, aby dokończyć edukację. Inni urodzili się w Stanach Zjednoczonych, przenieśli się do Chin w dzieciństwie i wrócili do Stanów Zjednoczonych, aby uczęszczać do liceum. Uczniowie, którzy są biegli w języku angielskim, mają różne pochodzenie i różny poziom opanowania chińskiego, a wielu z nich wcześniej kwalifikowało się jako „English Language Learners". Szkoła otwarta jest również dla uczniów, których podstawowym językiem jest język angielski i którzy nie znali chińskiego przed zapisaniem się do szkoły. Ta e rodziny zapisują swoje dzieci do programu ze względu na zainteresowanie językiem i kulturą chińską, a także z powodu nacisku szkoły na dwujęzyczność.

High School for Dual Language i Asian Studies oferuje uczniom wszechstronny program nauczania. Oprócz podstawowych przedmiotów, przez cztery lata wszyscy uczniowie uczęszczają na zajęcia mandaryńskiego, jako lekcji języka ojczystego, albo języka chińskiego jako drugiego języka. Uczniowie anglojęzyczni uczęszczają na dwie godziny lekcyjne chińskiego każdego dnia, aby upewnić się, że są gotowi do zdania wymaganych egzaminów z chińskiego angielskiego i angielskiego (Advanced Placement - AP), oprócz pięciu innych egzaminów, które uczeń musi zdać, aby móc otrzymać dyplom New York State Regents z wyróżnieniem. Nauczyciele pracują razem z doradcami zawodowymi i przedstawicielami rodziców, aby pomóc uczniom wybrać kierunki studiów, dodatkowo udzielając wsparcia tym, którzy tego potrzebują.

Większość uczniów w liceum pochodzi z niedawno przybyłych rodzin imigranckich, które przebywają w Stanach Zjednoczonych krócej niż dziesięć lat. Ci uczniowie wymagają dodatkowych zajęć, aby móc osiągnąć sukces akademicki, pomimo barier językowych i procesu adaptacji do nowej kultury. Aby pomóc uczniom i ich rodzinom w pokonaniu tych przeszkód, wszystkie materiały pisemne są dostępne w języku angielskim, chińskim, bengalskim i hiszpańskim. Członkowie personelu robią wszystko, co mogą, dyrektor, szkolny sekretarz, doradca zawodowy oraz kilku nauczycieli są dwujęzyczni i potrafią tłumaczyć dowolne materiały dostarczone przez szkołę, które nie są napisane w obu językach.

Szkoła zapewnia wzbogacające doświadczenie w liceum, kładąc nacisk na rygorystyczny program akademicki dla studentów z różnych środowisk kulturowych i społeczno-ekonomicznych, zarówno w języku angielskim, jak i chińskim. Thalia Baeza Milan, uczennic przed ostatniej klasy, mówiła już po angielsku i hiszpańsku, gdy trzy lata temu przyjechała do Stanów Zjednoczonych z Gujany. Chciała skorzystać z możliwości nauki w High School for Dual Language i Asian Studies, aby nauczyć się chińskiego. Opisuje swój czas w szkole średniej w następujący sposób:

> Doświadczenie pomogło mi docenić różne kultury i przezwyciężyć trudności - takie jak mylenie ze sobą słów "smażony kurczak" i "akrobata". Wiem teraz, jak stawić czoła wyzwaniom, jak sprawić by czuć się komfortowo w otoczeniu, w którym nigdy wcześniej nie byłam. To umiejętność, która będzie bardzo pomocna[9495].

Thalia wskazuje na wartość dodaną "walki" języków, którą wiele dwujęzycznych dzieci zaczyna doceniać po pewnym czasie. To proces, który choć czasami pełen wyzwań i humoru - jak wskazuje przykład Thalii mylącej słowa – pozwala na głębsze zrozumienie, na zbudowanie autentycznego zaangażowania.

Ponadto szkoła wprowadza uczniów w różnorodność kultur azjatyckich, skupiając się przede wszystkim na Chinach. Oprócz zaangażowania w wymagającym programie nauczania, uczniowie biorą udział w kółkach pozalekcyjnych w dziedzinie filmu, informatyki czy sportów takich jak badminton lub zapasy. W ramach przygotowań do uniwersytetu licealiści mają również wiele okazji do zdobycia punktów akademickich, zwiedzania uniwersytetów, jak i ubiegania się o stypendia.

Niektórzy uczniowie uczestniczą w programie sobotnim w liceum, wykorzystywanym do pracy praktycznej. Program obejmuje naukę wychowania fizycznego oraz dodatkowe zajęcia z angielskiego jako drugiego języka, każdego tygodnia bierze w nim udział około 150 dzieci[96]. Sobotnie zajęcia zapewniają także uczniom przestrzeń do ukończenia prac domowych lub projektów grupowych, jako iż niektórzy z uczniów mogą nie mieć w domu miejsca lub atmosfery sprzyjającej pracy. Takie podejście okazało się bardzo skuteczne w podnoszeniu rezultatów uczniów i ich ogólnego zaangażowania w szkole.

Długofalowe działanie

Historia High School for Dual Language i Asian Studies pozwala dostrzec i zrozumieć wiele elementów kluczowych do ogólnego rozwoju rewolucji dwujęzycznej. Wyobraźmy sobie tylko możliwości, które powstałyby jeśli więcej szkół średnich kontynuowałoby niewiarygodne osiągnięcia programów dwujęzycznych na poziomie szkoły podstawowej i gimnazjum. Możliwości są praktycznie nieograniczone, a High School for Dual Language i Asian Studies to dopiero początek.

Nie ma powodu, dla którego dwujęzyczna rewolucja miałaby kończyć się na szkołach podstawowych. Programy dwujęzyczne w szkołach średnich pozwalają uczniom stać się wysoko kwalifikowanymi osobami posługującymi się wieloma językami. Edukacja dwujęzyczna pomaga w przejściu z liccum na studia, czy w rozpoczęciu kariery zawodowej. Historia High School for Dual Language i Asian Studies to historia niezrównanego sukcesu, który może być powtórzony w szkołach średnich w całym kraju, i na świecie. Rewolucja dwujęzyczna może wpływać pozytywnie na dzieci na każdym etapie rozwoju, również nastolatków oraz młodych dorosłych. I to od nas zależy, czy będą mieli taką możliwość.

ROZDZIAŁ 11

Wskazówki do stworzenia własnego programu dwujęzycznego

W poniższym rozdziale przedstawiono plan działania dla rodziców, którzy są zainteresowani stworzeniem programu dwujęzycznego w szkole publicznej. Myślą przewodnią tych wskazówek, jak i całej książki jest to, że rodzice mogą wprowadzić zmiany w swoich społecznościach, tworząc programy dwujęzyczne, niezależnie od tego, gdzie się znajdują. Dzięki wysiłkom grup rodziców, programy te mogą ulepszyć pracę szkół i umocnić więzy społeczności na nowe sposoby. Informacje przedstawione na kolejnych stronach pomogą rodzicom zorganizować się, stworzyć silną propozycję i zainspirować innych do przyłączenia się do ich inicjatyw.

Przedstawiona strategia może być traktowana jako przewodnik dla rodziców i nauczycieli. Zawiera szczegółowe informacje o tym, jak tworzyć sesje informacyjne, organizować grupy wolontariuszy, przygotowywać przekonywujące uzasadnienia dla dyrektorów i pozostałych nauczycieli, opracowywać strategie działania na rzecz społeczności, identyfikować rodziny, które mogą być potencjalnie zainteresowane zapisaniem dzieci do programu dwujęzycznego i aktywnie współpracować ze wszystkimi stronami zainteresowanymi, tak aby projekt mógł zostać zrealizowany. Skróconą wersję strategii można również znaleźć w aneksie do książki lub pobrać z oficjalnej strony internetowej Rewolucji dwujęzycznej[97]. Sugestie i strategie prezentowane w tej książce nie są wyczerpujące, ponieważ nie można uwzględnić wszystkich różnic mogących dzielić okręgi szkolne i mniejszości językowe. Dlatego też, zachęcam rodziców do tworzenia własnych wersji road-mapy, dostosowując ją do potrzeb ich społeczności. Oryginalna wersja wskazówek, która zainspirowała tę książkę, została napisana przez rodziców prawie dziesięć lat temu. Została stworzona, aby podzielić się skutecznym podejściem w nadziei, że inni potraktują ja jako inspirację i zaczną wdrażać własne programy dwujęzyczne w szkołach publicznych[98].

Wiele grup rodziców i inicjatyw zainspirowanych oryginalnym planem działania zostało opisanych w tej książce.

Przedstawiona strategia podzielona jest na trzy etapy: faza pierwsza opowiada o różnych sposobach stworzenia trzonu zainteresowanych rodzin poprzez akcje promocyjne i organizowanie komitetów rodzicielskich. Faza druga opisuje strategie opracowywania uzasadnienia dla programu dwujęzycznego i przedstawiania go potencjalnej szkole. Ostatnia, trzecia, koncentruje się na wdrażaniu i planowaniu programu dwujęzycznego, tak aby mógł on odnieść sukces od pierwszego dnia funkcjonowania.

Faza pierwsza: nawiązywanie relacji ze społecznością

Zaproszenie do współpracy zainteresowanych rodzin

Pierwszym krokiem w procesie tworzenia program dwujęzycznego jest utworzenie bazy zainteresowanych rodzin. Otwieranie programów dwujęzycznych często jest oddolną inicjatywą rodziców, dlatego ważne jest, aby znaleźli oni grupę rodzin, która będzie do zapisania swoich dzieci do programu, ale także do wspierania jego działań. W tym momencie, stajesz się przedsiębiorcą z pasją do wielojęzyczności, zaangażowanym w edukację publiczną.

Jeśli inicjujesz to przedsięwzięcie z myślą o konkretnym języku, następnym krokiem będzie znalezienie rodziców, którzy podzielają twoje zainteresowanie. Możesz zacząć od utworzenia podstawowej grupy rodziców, których znasz i którym ufasz. To rodzice, którzy wezmą udział w planowaniu Waszej wspólnej wizji, nawet jeśli nie mają oni dzieci, które skorzystają z tej inicjatywy. Dobrym przykładem skuteczności takiej "grupy podstawowej" jest inicjatywa japońskiego programu dwujęzycznego przedstawiona w drugim rozdziale, która ilustruje ważną rolę zaangażowania i wiedzy rodziców.

Rodzice, którzy podążają tymi wskazówkami, zazwyczaj chcą stworzyć zupełnie nowy, dwujęzyczny program, który będzie prowadzony od żłobka lub przedszkola, aż do piątej klasy. To, które klasy będą objęte programy zależy od zasobów szkoły, a także od tego, jak zorganizowany jest proces nauki w danym regionie. Niektórzy rodzice mają bardziej długoterminowe cele i starają się zaplanować swoją inicjatywę w taki sposób, aby dzieci mogły kontynuować naukę w programie aż do szkoły średniej włącznie.

Co ważne, istotnym jest by zrozumieć, że te programy mają potencjał, aby rozwijać się i rozszerzać w sposób naturalny do poziomu szkoły średniej, o czym świadczą przedstawione wcześniej hiszpańskie, chińskie i francuskie programy dwujęzyczne.

Jeśli nie inicjujesz tego przedsięwzięcia z myślą o konkretnym języku, ale po prostu interesujesz się edukacją dwujęzyczną, dobrze jest zbadać pochodzenie językowe Twojej społeczności, aby ocenić wsparcie, jakie możesz otrzymać. Zrozumienie kulturowych niuansów, które grają rolę w tym jak dana społeczność oceni Twoją propozycję, będzie kluczowe. Właściwa identyfikacja potencjalnych partnerów do współpracy oraz innych osób zaangażowanych w edukację z danej grupy językowej, pomoże ci przedstawić projekt w sposób, który będzie akceptowany lub preferowany przez daną społeczność. Na przykład, opisana wcześniej inicjatywa japońska opierała się na działaniu pięciu matek, z których tylko dwie były Japonkami i działały jako łączniczki z japońską społecznością. Zrozumienie norm kulturowych, zwyczajów, pomogło im w dokonaniu strategicznych wyborów podczas tworzenia programu. Było to szczególnie przydatne w przypadku administracji szkolnej oraz innych osób zaangażowanych, które nie mówiły po japońsku.

Grupa założycielska japońskiego programu przywiązywała dużą wagę do zrozumienia kulturowego, gdy przedstawiała swoją ofertę rodzicom. Osoby zaangażowane poświęcały czas na wyjaśnienie nowo przybyłym japońskim rodzicom, amerykańskiego systemu edukacji, a także podobieństw i różnic między systemami. Podczas spotkań starali się wyczerpująco odpowiadać na wszystkie pytania w sposób otwarty i uczciwy. Fakt, że grupa miała czas, aby porozmawiać z każdym z rodziców i przedstawić im swoje opinie, świadczy o ich szacunku wobec kultury zainteresowanych osób. W tym konkretnym przypadku wrażliwość kulturowa była kluczem do sukcesu w rekrutacji i we wdrażaniu projektu.

Jako rodzic, możesz dotrzeć do swojej społeczności również poprzez ogłoszenia umieszczone w mediach społecznościowych, na blogach, lokalnych tablicach ogłoszeniowych lub pocztę pantoflową. Oparcie inicjatywy na konkretnej społeczności językowej niesie ze sobą wiele zalet. Duża grupa potencjalnie zainteresowanych rodziców, sieć firm, ośrodków religijnych, centrów kultury oraz dzieci będących rodzimymi użytkownikami innego języka, może być już obecna w granicach Twojego rejonu szkolnego. Tak było w przypadku arabskich, polskich i włoskich programów dwujęzycznych, przedstawionych w poprzednich rozdziałach.

Gdy grupa zgromadzi wystarczającą liczbę ochotników, możesz zacząć tworzyć komitety, odpowiedzialne za różne zadania. Najlepiej zorganizować jest kilka komitetów, w tym: społeczny komitet wsparcia, lokalny komitet szkolny i komitet wsparcia programowego. Dodatkowe komitety mogą być również uwzględniane na różnych etapach procesu w zależności od potrzeby inicjatywy, na przykład: komitet rekrutacji nauczycieli, komitet pozyskiwania funduszy lub komitet zajęć pozalekcyjnych. Są to sugestie i od Ciebie zależy dostosowanie tego modelu do lokalnej rzeczywistości i liczby osób zainteresowanych inicjatywą.

Zbieranie danych

Społeczny komitet informacyjny powinien skupiać się na identyfikacji potencjalnych uczniów i gromadzeniu danych na temat rodzin. Pomoże to rozpowszechnić wiadomość o programie, tak aby jak najwięcej osób dowiedziało się o inicjatywie i chciało zapisać swoje dzieci do programu. Sugeruję zebrać dane na temat:

- Liczby rodzin zainteresowanych programem,
- Języków używanych w domu i rozumianych przez dzieci,
- Datę urodzenia dzieci i datę rozpoczęcia edukacji,
- Rejon szkolny

Są to niezbędne pierwsze kroki w identyfikacji kandydatów do programu dwujęzycznego. Gromadzenie danych pomoże również ustalić czy wspierany przez Ciebie program dwujęzyczny będzie „jednostronny" (z native speakerami jednego języka, którzy otrzymają zadania w dodatkowym języku) czy „dwustronny" (z native speakerami obydwu języków, którzy często dzieleni są pół na pół). Decyzja na ten temat powinna zostać podjęta w oparciu o liczbę rodzimych użytkowników języka.

Konieczne jest zidentyfikowanie wystarczającej liczby uczniów do stworzenia pierwszej z klas. Aby ustanowić limit miejsc, musisz zweryfikować kilka rzeczy. Najpierw należy zbadać:

- Średnią liczbę dzieci zapisanych do klasy początkowej w rejonie szkolnym. Liczba ta może się różnić w zależności od miejsca, a nawet od rocznika. Na przykład może istnieć różnica w liczebności grupy między przedszkolem, a zerówką lub między klasami w szkole podstawowej i klasami w szkole średniej.

- Ponadto należy zapoznać się z legislacją zgodnie z którą rejon szkolny działa w odniesieniu do osób, które nie są rodzimymi użytkownikami oficjalnego języka urzędowego. W przypadku Nowego Jorku[99] i stanu Nowy Jork prawo wymaga, aby szkoły oferowały dwujęzyczny lub przejściowy program dwujęzyczny, jeśli w dzielnicy mieszka co najmniej dwadzieścioro dzieci, których językiem ojczystym lub językiem, którym posługują się w domu nie jest angielski[100]. Są one następnie klasyfikowane jako „English Language Learner" (ELL) lub jako uczniowie „English as a New Language" (ENL).

Jeśli Twój rejon szkolny działa w ramach podobnych regulacji, które mogą zapewnić dodatkowe wsparcie dla Twojej inicjatywy, badania będą musiały:

- Określić liczbę dzieci według rejonów szkolnych, uznawanych za nie-rodzimych użytkowników angielskiego lub za uczących się języka angielskiego (lub innego języka urzędowego). Te dzieci będą musiały mówić w tym samym języku ojczystym, aby być w tej samej dwujęzycznej klasie.
- Określić liczbę dzieci według rejonu szkolnego, uznawanych za dwujęzyczne (w tym przypadku dzieci, które znają już zarówno język angielski, jak i język programu na różnych poziomach).
- Określić liczbę dzieci w rejonie szkolnym, uznawanych za native speakerów języka urzędowego (w tym przypadku angielskiego), którzy nie znają języka programu, ale których rodziny są zaangażowane w edukację dwujęzyczną w języku, który został wybrany.

Te dane pomogą ci wyjaśnić, w jaki sposób Twój program dwujęzyczny będzie odpowiadał na różne potrzeby. Może to również pomóc w uzyskaniu dodatkowego finansowania z agencji państwowych lub organizacji filantropijnych, szczególnie tych, które wspierają uczących się języka angielskiego (EEL). Statystyki te mogą również być pomocnymi narzędziami do opracowania uzasadnienia, które przekona dyrektorów o potrzebie stworzenia takiego programu.

Znalezienie rodzin

Zazwyczaj zapisy do programu, rozpoczynają się od dużej liczby rodzin, a kończą się małą grupą w dniu otwarcia. Wskazane jest, aby zrekrutować więcej uczniów, niż jest to konieczne do stworzenia programu dwujęzycznego. Niektóre szkoły mogą posiadać regulacje określające minimalną liczbę uczniów w klasie (czasami ostateczna decyzja zależy od dyrektora szkoły), dlatego lepiej jest zaprezentować dużą pulę potencjalnych kandydatów do programu dwujęzycznego. Takie podejście pomoże również w przypadku jeśli rodziny, które początkowo okazały zainteresowanie, zmienią zdanie lub wyprowadzą się z danej dzielnicy.

Prawdopodobnie otrzymasz zgłoszenia dzieci z różnych roczników, a nawet tych które jeszcze się nie urodziły, dlatego należy przygotować arkusz z datami urodzenia i oprzeć strategię na liczbie potencjalnych kandydatów do każdej klasy. Często kalendarz szkolny i terminy składania aplikacji ustalone przez szkołę, będą czynnikami decyzyjnymi w wyborze harmonogramu oraz strategii, aby program mógł odnieść sukces.

Istnieje wiele sposobów znajdowania, identyfikowania i rekrutowania zainteresowanych rodzin. Możesz to zrobić za pomocą ogłoszeń, listów, ulotek lub plakatów, które możesz rozdawać, gdy będziesz uczestniczyć w spotkaniach lub wygłaszać prezentacje. Ważnym jest, aby wziąć pod uwagę, że stworzenie nowego programu dwujęzycznego to długi proces. Należy zidentyfikować rodziny z dziećmi, wystarczająco młodymi, które będą mogły być kandydatami do programu, gdy rozpocznie on swoje działanie. W niektórych przypadkach proces identyfikacji powinien zostać przeprowadzony już od roku, do dwóch lat przed uruchomieniem programu. Przypadki, w których z różnych przyczyn, rodzice-założyciele nie byli w stanie zapisać swoich dzieci do programu, pomimo swojej ciężkiej pracy, są opisane w poprzednich rozdziałach, stanowiąc smutną rzeczywistość spowodowaną działaniem pod presją czasu.

Ponieważ większość programów dwujęzycznych w amerykańskich szkołach publicznych rozpoczyna się w przedszkolu, gdy dzieci mają cztery lata lub w zerówce, gdy dzieci mają pięć lat, proces identyfikacji oznacza dotarcie do miejscowych przedszkoli i zerówek, szkół prywatnych, szkół językowych, ośrodków kultury, instytucji religijnych, stowarzyszeń rodziców, programów „Head-Start" i agencji miejskich, które wspierają rodziny.[101] Możesz także prowadzić rozmowy z rodzicami na placach zabaw, w sklepach, supermarketach i szkołach, w których rodziny mogą szukać opcji edukacji dla młodszego rodzeństwa. Rodziny, które są już związane ze szkołą, mogą mieć powiązania z dyrektorem szkoły lub koordynatorem rodziców, dostarczając w ten sposób cennych informacji na temat administracji szkoły.

Wielu inicjatorów programu, z którymi rozmawiałem w tej książce, wykazało się dużą kreatywnością. Niektórzy nosili ubrania, czapki lub odznaki, które wzbudzały ciekawość innych rodziców. Stworzyli strony internetowe i wykorzystali media społecznościowe, aby dystrybuować formularze rejestracyjne i rozpowszechniać informacje dotyczące inicjatywy. Nawiązali kontakty z lokalnymi gazetami, osobami prowadzącymi blogi rodzicielskie, tak aby rodziny spoza ich kręgów, mogły również dowiedzieć się o projekcie. Poinformowali właścicieli lokalnych firm i umieścili tam swoje materiały, szczególnie jeśli przedsiębiorstwa były istotne dla mówców lub zwolenników języka programu czy danej grupy kulturowej. Na przykład, niektórzy z inicjatorów francuskich programów dwujęzycznych, umieścili ulotki na placach zabaw i w sklepach spożywczych, odwiedzanych przez osoby francuskojęzyczne. Odwiedzili także kościoły z dużymi populacjami frankofońskimi i rozmawiali z osobami na ulicy lub w metrze, jeśli usłyszeli, że mówią po francusku. Zwrócili się do wszystkich mediów francuskojęzycznych, które mogli znaleźć i dzwonili do audycji radiowych w języku francuskim. Założyli jedną skrzynkę e-mail, dzięki której mogli odpowiedzieć na setki zapytań od rodziców. Spędzili wiele godzin, udzielając porad innym rodzicom na takie tematy, jak proces rejestracji w szkole czy różnica między rozpoczynaniem nauki w zerówce, a w „pre-K". Praca tych rodziców była niezwykła i zasłużyli na nasze gratulacje, ponieważ ich działania służyły nie tylko ich własnym interesom, ale wykraczając daleko poza krąg ich rodziny i przyjaciół, służą przyszłym pokoleniom. Ci twórcy programów dwujęzycznych byli prawdziwą siłą zmian.

Dotarcie do wspólnoty

Najważniejszym zadaniem, które należy podjąć wcześnie w swojej pracy, jest utworzenie bazy wsparcia dla społeczności. Taka baza może obejmować wpływowe osoby, wybranych urzędników czy organizacje, mogące wesprzeć inicjatywę. Aby stworzyć taką sieć kontaktów, należy uczestniczyć w spotkaniach społeczności lokalnej i informować na temat pomysłu stworzenia programu dwujęzycznego. Kluczowi interesariusze mogą się różnić w zależności od miejsca, ale wsparcie, które od nich otrzymasz, może być nieocenione. Dobrym sposobem jest również umówić się na spotkanie z urzędnikami szkolnymi (z State Department of Education, kuratorem, Office of Language Learners itp.). Urzędnicy ci prawdopodobnie będą mieli pytania i konieczne jest, abyście byli dobrze przygotowani do podawania odpowiedzi. Rodzice mogą spotkać się z tymi urzędnikami przed spotkaniem z dyrektorami, jeśli chcą uzyskać wgląd w lokalny budżet lub uzyskać poparcie polityczne. Jednak ważnym jest uwzględnienie dyrektorów szkół w tych spotkaniach, a także sprawdzenie ich rozumienia edukacji w dwujęzycznej. Jest to szczególnie ważne po zebraniu wystarczającej ilości danych, aby przekonać dyrektora o potrzebie stworzenia programu dwujęzycznego w danej dzielnicy. W następnej sekcji przyjrzymy się niektórym z argumentów, które mogą pomóc.

Przydatna też będzie wymiana informacji ze stowarzyszeniami rodziców i nauczycielami, ponieważ mogą oni podzielić się cennymi spostrzeżeniami na temat klimatu szkoły i otwartości na nowe pomysły. Ponadto nawiązanie kontaktu ze społecznymi radami oświatowymi, radami szkolnymi czy członkami samorządu lokalnego jest istotne, ponieważ może pomóc w przypadku, jeśli inicjatywa napotka przeszkody biurokratyczne.

Komitet docierania do lokalnych społeczności może również organizować spotkania w domach lub w miejscach publicznych, takich jak lokalne kawiarnie lub restauracje, aby promować swoje pomysły, zbadać zainteresowanie lub rekrutować potencjalne rodziny. W przypadku takiego zgromadzenia możesz zaprosić jednego lub wszystkich wyżej wymienionych interesariuszy do wygłoszenia przemówienia lub podzielenia się uwagami.

Język wybrany dla programu dwujęzycznego stanowi element wspólny z większą siecią krajowych i międzynarodowych zwolenników, którzy mogę również zapewnić ważne zasoby i pomoc. Ta sieć obejmuje ambasady, konsulaty, konsulów honorowych, centra kulturalne danego języka lub kraju, fundacje zajmujące się edukacją lub rozwojem społeczności, biura turystyczne, międzynarodowe izby handlowe, które świadczą usługi firmom z dwóch lub więcej krajów, a także stowarzyszenia dziedzictwa i kultury. Są to ważni partnerzy, z którymi można działać wspólnie. Często będą oni cenili Twoją wizję i wspierali Twoje wysiłki, ponieważ udany program dwujęzyczny będzie dla nich oznaczał nowe przedsięwzięcia i otwarcie na nowe rynki.

Zespół wspierający wdrażanie programu

Komitet wsparcia programowego powinien zapewnić pomoc na różnych etapach działania. Po pierwsze, może skupić się na zbieraniu i dzieleniu się, podczas spotkań z rodzicami, informacjami na temat zalet edukacji dwujęzycznej, zaletach: kognitywistycznych, akademickich, osobistych i zawodowych. Może również organizować wizyty w istniejących już dwujęzycznych programach, aby obserwować dobre praktyki i sprawdzić, jak można zarządzać programem. Kontakt z już stworzonymi programami dwujęzycznymi to doskonała okazja do zadawania pytań dotyczących zaangażowania rodziców, ich lojalności wobec programu, wysiłków związanych z gromadzeniem funduszy oraz potrzeb w zakresie materiałów, nauczycieli i wsparcia administracyjnego. Często dyrektorzy i nauczyciele szkół, gdzie istnieją już programy dwujęzyczne, chętnie dzielą się swoimi spostrzeżeniami z osobami, które badają możliwość stworzenia podobnego programu. Odkrywając sukcesy i porażki tych szkół, będziesz w stanie stworzyć lepszy program. Komitet powinien upewnić się, że każda wizyta jest dobrze udokumentowana, a obserwacje i informacje są udostępniane na posiedzeniach. Komitet powinien również spotkać się z rodzicami, którym udało się stworzyć program dwujęzyczny, aby skorzystać z ich doświadczenia.

Faza druga: rozwój przekonującej argumentacji oraz znalezienie szkoły

Pod koniec wspólnej pracy poszczególne komitety muszą być przygotowane do przedstawienia zebranych danych dyrektorowi i wspólnocie szkolnej. Zanim przedstawisz dyrektorowi szkoły swój pomysł, dobrze jest przemyśleć dokładnie argumentację, która pomoże ci go przekonać. Bardzo trudno jest przekonać do stworzenia francuskiego, japońskiego lub rosyjskiego program w szkołach, które odnoszą wiele sukcesów lub które są przepełnione. Rodzice powinni zatem opracować listę argumentów przemawiających na korzyść stworzenia programu w szkole publicznej, zwłaszcza jeśli szkoła obecnie nie osiąga dobrych wyników. Warto jest wysuwać argumenty, które współgrają z osobistymi ambicjami dyrektora szkoły. Na przykład nowy dyrektor może zabiegać o uznanie, a dwujęzyczny program byłby konkretnym sposobem na pozostawienie po sobie śladu w szkole, a nawet w społeczności. Dobrze działający program dwujęzyczny może przynieść szkołom dużo pozytywnego uznania, poprawić ich reputację i przyciągnąć nowe źródła finansowania. Nowe rodziny działające w szkole dzięki programowi dwujęzycznemu mogą również chętniej zbierać fundusze, aby pomóc szkole odnieść sukces.

Istnieje wiele przekonujących argumentów. Aby nauczyć się mówić po angielsku, duża liczba uczniów, którzy nie są rodzimymi użytkownikami tego języka, wymaga nauki w programie dwujęzycznym. Tego typu programy, dają wszystkim dzieciom w danej społeczności życiową szansę nauczenia się drugiego języka. Rodzinom imigrantów drugiego lub trzeciego pokolenia, programy dwujęzyczne pozwalają chronić swój język i dziedzictwo kulturowe, umożliwiając im jednocześnie dzielenie się nimi z innymi dziećmi ze wspólnoty. Program dwujęzyczny będzie przynosić korzyści całej społeczności szkolnej, ponieważ nowe, zmotywowane rodziny będą każdego roku dołączać do szkoły. Rodzice ci niosą ze sobą chęć wspierania szkoły na wiele sposobów, od zbiórki pieniędzy, po pomoc w ogólnych zajęciach szkolnych. Rodziny dwujęzyczne mogą również ubogacić społeczność szkolną swoją sztuką, muzyką czy kuchnią ze swoich krajów. Takie rodziny mogą pomóc w tworzeniu lepszych programów zajęć pozaszkolnych, lepszych stołówek szkolnych, organizowaniu wycieczek szkolnych czy znajdywaniu staży. Dobrze przygotowane argumenty edukacyjne mogą być czasem najlepszym sposobem na przekonanie oraz zdobycie umysłów i serc.

Programy dwujęzyczne mogą nadać nowe oblicze powstającej szkole lub szkole z pustymi salami lekcyjnymi. Większy wybór szkół w danej dzielnicy może również pomóc w zmniejszeniu przepełnienia w konkurujących ze sobą szkołach, dzięki zainteresowaniu ze strony większej liczby rodzin z klasy średniej. Programy dwujęzyczne pozwalają również odkryć korzyści płynące z integracji społeczno-ekonomicznej. Inicjatywy oddolne mają potencjał by szybko zmobilizować setki rodzin w celu zapobiegania kurczącej się liczby uczniów, a także, aby zapewnić środki na zwiększenie budżetu szkoły. W wielu dzielnicach każdy nowy uczeń wiąże się ze wzrostem budżetu. Czasami rejony szkolne lub departament edukacji zapewniają dotacje na planowanie, rozwój programów nauczania czy rozwój zawodowy nauczycieli i pracowników. Dodatkowa pomoc finansowa i logistyczna może również dotrzeć do szkoły od partnerów oraz organizacji, które zainteresowane są danym językiem lub daną grupą społeczną (tj. Ambasady, Konsulaty, firmy i fundacje).

Podczas spotkania z dyrektorem szkoły należy zaprezentować zebrane dane i swój projekt w jak najbardziej profesjonalny sposób. Przedstaw korzyści dla dzieci i społeczności, jako wartości leżące u podstaw Twojej inicjatywy. Pokaż dokumenty, które opisują dane demograficzne zainteresowanych rodzin (uporządkowane według rocznika oraz rejonu szkolnego). Wyjaśnij zasady zdobywania dofinansowania dla programów dwujęzycznych, od Ministerstwa Edukacji lub od partnerów zewnętrznych. Po spotkaniu z zainteresowanym dyrektorem, poproś innych akcjonariuszy o okazanie wsparcia, zwłaszcza innych rodziców, nauczycieli i członków społeczności. Następnie skontaktuj się z zagranicznymi urzędnikami rządowymi i ofiarodawcami. Wykonując te kroki, zbudujesz bardzo mocną „obudowę" dla swojego projektu, a także zyskasz zaufanie społeczności, rodziców i wychowawców. Wspólnie możecie teraz stworzyć program dwujęzyczny, który odniesie sukces.

Faza trzecia: budowanie programu, który odniesie sukces pierwszego dnia

Gdy uda się przekonać dyrektora, wraz z grupą musicie skupić swoją uwagę na kilku ważnych sprawach. Przede wszystkim musicie upewnić się, że macie wymaganą liczbę rodzin oraz, że zapisują one swoje dzieci do programu. Dobrym pomysłem jest organizowanie wycieczek po szkole i przeprowadzanie prezentacji podczas uroczystości szkolnych, żeby zainteresować programem jak więcej rodzin. Powinniście również kontynuować promowanie programu poprzez organizowanie stałych spotkań informacyjnych dla rodziców i zachęcanie rodziców do odwiedzania już istniejących szkół dwujęzycznych. Możecie także zaprosić nauczycieli języków obcych z programów dwujęzycznych, do podzielenia się doświadczeniami z zainteresowanymi rodzicami. Nie zapominajcie, że możecie także pokazywać dobre przykłady innych programów dwujęzycznych, o których dowiedzieliście się podczas poszukiwań w intrenecie czy dyskusji ze szkołami.

Zdobycie materiałów dydaktycznych, takich jak odpowiednich podręczników, które będą potrzebne nauczycielom w ciągu pierwszych kilku miesięcy po uruchomieniu programu, to fantastyczny sposób, aby pomóc dyrektorowi szkoły i administracji. Możecie wspierać nauczycieli szukając książek, które są dostosowane do programu nauczania i przygotowując listy materiałów, które mogą być zamówione przez szkołę lub innych rodziców czy sympatyków. Być może będziecie musieli asystować dyrektorowi w procesie rekrutacji, ponieważ znalezienie kompetentnych i wykwalifikowanych dwujęzycznych nauczycieli i asystentów szkolnych często okazuje się trudnym zadaniem. Możecie również zostać poproszeni o pomoc w tłumaczeniu rozmów kwalifikacyjnych, a także o opinie na temat poziomu znajomości języka kandydatów. Jesteście teraz aktywnymi członkami zespołu, a Wasz entuzjazm i chęć pomocy odegrają istotną rolę we wdrażaniu i sukcesie programu.

Jeśli utworzyliście komitet pozyskiwania funduszy, możecie rozpocząć organizowanie wydarzeń i opracowywanie apeli w celu otrzymania darowizn, które będą wspierać klasę dwujęzyczną, bibliotekę i całą szkołę. Oprócz zapewnienia środków na działanie programu, zebrane fundusze można również wykorzystać do skorzystania z pomocy specjalisty lub konsultanta ds. dwujęzyczności, który będzie w stanie wyszkolić nauczycieli, asystentów nauczycieli oraz pomóc w opracowywaniu programu nauczania. Fundusze pozwolą wam również zdobyć materiały instruktażowe od krajowych czy międzynarodowych wydawnictw. Komitet może również pomóc w pisaniu wniosków o dofinansowanie w celu uzyskania dodatkowych funduszy od lokalnych, stanowych i federalnych agencji, fundacji i zagranicznych rządów.

Posiadanie jasnej wizji, z którą rodzice mogą się identyfikować, pomaga wykroczyć poza kulturowe nieporozumienia wynikające z różnic kulturowych. Takie podejście zachęca również rodziny i społeczność do działania w ramach programu. Podczas pracy z dyrektorem szkoły ważne jest, aby mieć jasność co do wizji programu, którą może osiągnąć dyrektor i zarząd szkoły. Ostatecznie to dyrektor jest odpowiedzialny za wszystkie zaangażowane strony. Nawet jeśli niektóre grupy lub osoby nie są gotowe do natychmiastowego przyłączenia się do projektu, dalekosiężna wizja może zainspirować ich do działania. Wielu rodziców, których głosy zostały przedstawione w poprzednich rozdziałach, postrzegali swoją inicjatywę jako start-up, który wymagał czasu i ciągłego rozwoju.

Sugerowane powyżej podejście zostało opracowane przez rodziców oraz wychowawców, na drodze prób i błędów. Posłużyło dziesiątkom inicjatyw w różnych miastach i kilku grupach językowych, z których niektóre przedstawiono w poprzednich rozdziałach. Przedstawione wskazówki są stale ewoluującym zbiorem doświadczeń, który różni się w zależności od szkoły czy społeczności, wymagając od inicjatorów dokonania niezbędnych adaptacji. Ten zbiór został stworzony przez rodziców i dla rodziców. Istnieje z powodu przekonania rodziców-założycieli, że jeśli zadziałał w ich przypadku, powinien zostać przekazany innym tak, aby więcej dzieci mogło korzystać z daru dwujęzycznej edukacji. Jeśli te porady odegrają rolę w Waszej inicjatywie, przekażcie jej własną wersję innym rodzicom. Mogą oni stać się twórcami udanych programów, które przyniosą korzyści ich dzieciom i ulepszą ich szkoły. To właśnie te wskazówki są siłą napędową rewolucji dwujęzycznej.

ROZDZIAŁ 12

Dlaczego edukacja dwujęzyczna
jest dobra dla dzieci

Ten rozdział stanowi elementarz dla rodziców, którzy rozważają podjęcie pierwszych kroków w świecie edukacji dwujęzycznej. Jest równie użyteczny dla rodziców jednojęzycznych, jak i dla rodziców, którzy już znają język inny niż angielski, dzięki swojemu pochodzeniu lub edukacji. Przedstawione informacje mogą być wykorzystane do opracowania argumentacji do przekonania nauczycieli, administracji szkolnej i innych rodziców oraz członków społeczności o konieczności wprowadzenia edukacji dwujęzycznej w każdej szkole. Ponadto, rozdział przedstawia przegląd cech mózgu osób dwujęzycznych oraz wyjaśnia, w jaki sposób bycie dwujęzycznym może pomóc dziecku poprawić umiejętność uczenia się, koncentracji, komunikacji i rozumienia świata.

Wiele zalet dwujęzyczności jest intuicyjnych. Osoby dwujęzyczne mogą komunikować się z dużo większą liczbą osób na całym świecie, dzięki czemu, w porównaniu do osób jednojęzycznych, mają dostęp do znacznie większej liczby dzieł literackich, akademickich i artystycznych, a także sieci zawodowych i społecznościowych. Co więcej, osoby dwujęzyczne uczą się innych języków łatwiej niż ich jednojęzyczni rówieśnicy, ponieważ po opanowaniu drugiego języka, mogą używać tych samych sposobów nauki do poznania trzeciego lub czwartego języka. Dwujęzyczność sprzyja postawie wielokulturowości i otwartości umysłu. Jak tłumaczy światowej sławy psycholingwistyk François Grosjean, tożsamość osób dwujęzycznych "przekracza granice narodowe". [102]

Co znaczy bycie dwujęzycznym?

W latach pięćdziesiątych lingwiści Uriel Weinreich i William Francis Mackey wysunęli tezę, że dwujęzyczność to "regularne" używanie dwóch lub więcej języków. Natomiast, w przeciwieństwie tej teorii, François Grosjean sugeruje, że umiejętność mówienia w więcej, niż jednym języku jest nie tylko umiejętnością językową. Według niego, dwujęzyczność może stanowić nową i odrębną tożsamość. Obydwie definicje podkreślają różne cechy charakterystyczne osób dwujęzycznych, jak i ich dwujęzycznego mózgu. Programy dwujęzyczne umożliwiają uczniom korzystanie z więcej niż jednego języka w wielu różnych dziedzinach oraz życiu codziennym. Umożliwiają także osobom posługującym się językiem swojego pochodzenia i osobom jednojęzycznym, podtrzymywać swoje kulturowe oraz językowe dziedzictwo lub rozwijać nowe umiejętności, stając się tym samym powodem do dumy dla każdej społeczności.

Termin "język pochodzenia" jest używany od około piętnastu lat. Jego początki sięgają Quebecu w Kanadzie, a później zaczął funkcjonować w świadomości amerykańskich pedagogów, gdy zaczęli zdawać sobie sprawę, że liczne grupy uczniów nie mogły korzystać z umiejętności językowych, które już zdobyli w swoim ojczystym języku. Zamiast zapisywać dzieci na lekcje języka angielskiego, jako drugiego języka (ESL), które często skutkowałyby zaprzepaszczeniem znajomości języka ojczystego, nauczyciele zdali sobie sprawę, że mogą rozwinąć umiejętności językowe, które dzieci te miały przed rozpoczęciem nauki. W wyniku tego powstały programy „języka pochodzenia", które miały na celu rozwinięcie umiejętności czytania i pisania w obydwu językach. Ten cel - rozwój znajomości języka akademickiego zarówno w języku angielskim, jak i w języku programu dwujęzycznego - jest jednym z głównych zadań rewolucji dwujęzycznej.

Podczas niedawnej publicznej debaty na temat dwujęzyczności, nauki języków oraz tożsamości, François Grosjean zapewnił: "Dwujęzyczna osoba to człowiek-komunikator, mówca i słuchacz, który zarządza życiem poprzez dwa lub więcej języki". [103] Interpretując jego definicje, można zastanawiać się czy to pozornie zniechęcające zadanie "zarządzania życiem" w więcej niż jednym języku, jest warte zmagań, których doświadczają osoby dwujęzyczne. Innymi słowy, czy dwujęzyczność jest atutem czy odpowiedzialnością, zarówno dla ucznia w klasie? Jakie różnice istnieją między osobami dwujęzycznymi, a jednojęzycznymi, zarówno pod względem funkcji poznawczych, jak i funkcjonowania w społeczeństwie? Jak ważny jest bilingwizm?

Osoby dwujęzyczne posiadają co najmniej trzy „przestrzenie", do których mogą "należeć". Można to postrzegać jako „tri-nacjonalizm". W moim własnym przypadku czuję się Francuzem, kiedy używam francuskiego, Amerykaninem, kiedy używam angielskiego i Francuzo-amerykaninem, kiedy rozmawiam z innymi osobami dwujęzycznymi. Dwujęzyczność otwiera drzwi do szerokiej gamy kultur i społeczności, które w innym przypadku pozostawałyby zamknięte dla osoby jednojęzycznej. Zamiast jednego "domu językowego" lub strefy komfortu, człowiek dwujęzyczny ma ich wiele. Wielojęzyczne życie jest niezwykle bogate, różnorodne i pełne możliwości. Złożona tożsamość dwujęzyczności jest dzisiaj bardziej istotna niż kiedykolwiek wcześniej i będzie odgrywać coraz ważniejszą rolę w przyszłości.

Jak motywować dzieci dwujęzyczne?

Na motywację i chęć mówienia w innym języku wpływa wiele różnych czynników. Niektóre wywodzą się z rodzinnego środowiska. Istnieją rodziny, w których dzieci łatwo osiągają dwujęzyczność, dzięki stymulującemu doświadczeniu językowemu w domu. Jednak, nie zawsze tak jest. Bardzo często rodzice dwujęzyczni przykładają zbyt dużą wagę, aby dzieci nauczyły się ich języka ojczystego, czasem zmuszając je do mówienia w tym języku podczas interakcji rodzinnych. To pragnienie rodziców, może nie być równoznaczne z pragnieniem dziecka. W rezultacie takie podejście nie zapewnia pomyślnych wyników ani dla rodzica, ani dla dziecka. By dzieci mogły nauczyć się języka w domu, powinny być otoczone pozytywnym wsparciem, aby móc czerpać przyjemność z nauki języka i doskonalenia swoich umiejętności.

Kolejnym ważnym czynnikiem jest wpływ społeczności oraz kwestia statusu językowego. Jeśli dziecko postrzega język używany w domu jako mający niższy status, niż dominujący język społeczności, może nie chcieć być z nim kojarzone i całkowicie wystrzegać komunikowania się lub interakcji w tym języku[104]. Istnieją również indywidualne czynniki osobowości wpływające na motywację i zaangażowanie w naukę języka. Niektóre dzieci w pewnym momencie, po prostu nie chcą już posługiwać się językiem swoich rodziców. To uczucie towarzyszy nastolatkom w okresie buntu, a czasami rozwija się w wyniku nacisku rówieśników i chęci dopasowania się do innych. W takich sytuacjach, najlepiej jest znaleźć inny sposób do motywowania dziecka, który uwzględnia jego charakter. Konieczne jest podejście skoncentrowane na dziecku, polegające na słuchaniu, angażowaniu i rozmowy na temat powodów, dla których dziecko chce lub nie chce kontynuować nauki danego języka. W ten sposób dziecko może ponownie rozwinąć zainteresowanie językiem, ale tym razem „na własnych warunkach".

Osobowość dwujęzyczna

Oprócz wielu zalet kognitywistycznych płynących ze znajomości wielu języków, osoby dwujęzyczne często charakteryzują się wysoką inteligencją emocjonalną. Badacze tacy, jak psycholog Daniel Goleman, opisują to zjawisko jako większą samoświadomość i świadomość innych – umiejętność zrozumienia perspektywy innej osoby dzięki „kulturowemu oknu" języka. Goleman wspomina również o zdolności do empatii, która jest zakorzeniona językowo, ale doświadczana kulturowo[105]. Emocje są nieodłącznym i unikalnym składnikiem każdego języka, dlatego też osoby dwujęzyczne są bardziej biegłe w nawigowaniu i rozróżnianiu różnych uczuć, pomimo różnic kulturalnych. Możliwość spojrzenia na to samo zdarzenie lub ideę, z innej perspektywy językowej i kulturowej jest niezwykle pomocne w rozwijaniu relacji międzyludzkich oraz interakcji z ludźmi z różnych środowisk, zarówno w obrębie tego samego społeczeństwa, jak i z całego świata. Dwujęzyczność to inwestycja z niesamowitą wypłatą. Osoby posługujące się dwoma lub więcej językami mogą być nieocenionym wsparciem w przeprowadzaniu burzy mózgów, wypróbowywaniu nowego pomysł lub zrozumieniu zdania, które różni się od ich własnego. Narzędzia te pomagają osobom dwujęzycznym poruszać się w złożonym, zglobalizowanym świecie z łatwością i działać na wyższym poziomie zrozumienia.

Do tych zalet, powinniśmy dodać nabytą kreatywność, obserwowaną u dwujęzycznych dzieci, lub jak to opisują badacze umiejętność „myślenia dywergencyjnego". Autor wielu książek i międzynarodowy ekspert w dziedzinie edukacji, Sir Kenneth Robinson przedstawia w swoich pracach cenne konkluzje dotyczące „myślenia dywergencyjnego". Robinson zebrał swoje informacje, pytając badanych o potencjalną liczbę zastosowań do spinacza papieru, które przyszły im do głowy[106]. W tym ćwiczeniu umiejętność „myślenia dywergencyjnego" mierzona jest na trzy sposoby: (1) elastyczność, czyli ile odpowiedzi uczestnicy zdołali wymyślić (2), oryginalność, czyli ile oryginalnych odpowiedzi udało im się podać, oraz (3) poziom szczegółowości, czyli jak daleko uczestnicy są w stanie rozwinąć każdy ze swoich pomysłów. W badaniach porównano, ile odpowiedzi podają osoby jednojęzyczne, a ile osoby dwujęzyczne lub wielojęzyczne. Konkluzja jest jasna: ludzie dwujęzyczni i wielojęzyczni osiągają wyższe wyniki w twórczym myśleniu i rozwiązywaniu problemów, będąc w stanie wymyślić więcej oryginalnych zastosowań dla spinacza[107]. Wytłumaczenie tego jest bardzo proste - dwujęzyczność jest wynikiem „stwarzania znaczenia" - procesu, w którym interpretujemy wydarzenia życiowe, kształtujemy otaczającą rzeczywistość w logiczną całość i poznajemy samych siebie. Jako iż osoby dwujęzyczne są wykwalifikowane w przedstawianiu różnych uczuć czy doświadczeń, mogą one korzystać z tych umiejętności do myślenia poza schematem.

Przewaga dwujęzyczności

Istnieją niezliczone korzyści wynikające z dwujęzyczności. W ostatnich latach, prowadzone są badania analizujące proces uczenia się uczniów dwujęzycznych, aby sprawdzić, w jaki sposób edukacyjne programy dwujęzyczne poprawiają wyniki w nauce. Badacze podkreślają, że uczniowie dwujęzyczni mają większą świadomość metalingwistyczną[108], innymi słowy, są bardziej świadomi języka, jako „systemu", co pomaga im z łatwością przetwarzać informacje. Ze względu na zalety kognitywistyczne, uczniowie dwujęzyczni wykazują wyższe poziomy skupienia, zapamiętywania i większą zdolność rozwiązywania problemów[109].

Badania wskazują również, że uczniowie szkół średnich w programach dwujęzycznych rzadziej przerywają naukę, niż uczniowie, którzy uczęszczają do jednojęzycznych programów nauczania[110]. Thomas i Collier przeprowadzili długotrwałe badania przez okres osiemnastu lat, w trzech okręgach szkolnych, w piętnastu stanach, porównując uczniów z programów dwujęzycznych, z uczniami w przejściowych programach dwujęzycznych lub w klasach, gdzie nauczanie odbywa się wyłącznie w języku angielskim. Okazało się, że model dwujęzyczny pozwolił zmniejszyć różnice w osiągnięciach, między uczniami „English Language Learners" i native speakerami, w szkołach podstawowych i średnich.

Programy zmieniły także ogólne doświadczenia szkolne, promując społeczność integrującą, która docenia różnorodność.

Badacze stwierdzili, że nauczanie w dwóch językach jest jedyną metodą poznawania drugiego języka, która ułatwia całkowite zrównanie osiągnięć między uczniami, dla których angielski jest rodzimym językiem, a tymi którzy dopiero się go uczą. Co więcej, dwujęzyczni uczniowie prześcignęli swoich jednojęzycznych rówieśników w testach, które zapewniają konkretne dowody świadczące o sukcesie programów dwujęzycznych[111]. Według tych badaczy, dobrze zorganizowany i dobrze wdrożony program nauki dwujęzycznej, we wszystkich przedmiotach programu nauczania, zapewnia uczniom możliwość rozwinięcia biegłości akademickiej w obydwu językach[112].

Bycie dwujęzycznym w młodym wieku daje dostęp do możliwości nauki i pracy za granicą. Firmy, które zatrudniają osoby dwujęzyczne, odnoszą znaczące korzyści z usług tłumaczeń pisemnych i ustnych, ułatwiających komunikację z szerszą grupą klientów. Oprócz kompetencji kulturowych i językowych, kandydaci dwujęzyczni są często preferowani przez pracowników, ze względu na zdolność do szybkiego dostosowania się do nowych warunków. Te zalety mogą prowadzić do wyższych zarobków i bardziej wszechstronnego dostępu do globalnego rynku pracy.

W swoich pionierskich działaniach, Ellen Bialystok, profesor i przewodnicząca Lifespan Cognitive Development na York University, udowodniła, że dwujęzyczność ma głęboki wpływ na strukturę i organizację mózgu. Odkryła, że osoby dwujęzyczne całe życie korzystają z przywilejów w rozwiązywaniu problemów. Te osoby charakteryzują się przekształconym systemem funkcji wykonawczych – sieci procesów w mózgu, która zbiera i organizuje informacje w celu dostosowania zachowania do sytuacji otoczenia.

Fakt, iż osoby dwujęzyczne ciągle przetwarzają informacje w dwóch językach, intensywniej aktywizuje system funkcji wykonawczych. Ich wysiłki w rozwiązaniu problemów, zarówno w zakresie ustnych, jak i niewerbalnych zadań w dwóch językach, powodują reorganizację tej sieci. W konsekwencji, ich zreorganizowana sieć połączeń mózgowych jest bardziej wydajna niż jej odpowiednik u osób jednojęzycznych. Białystok wykazała również, że dwujęzyczność jest istotnym źródłem zasobów poznawczych, które odnoszą się do sposobu w jaki mózg jest w stanie używać połączeń mózgowych, aby poprawić swoje działanie. Jej badania pokazują, że nasze codzienne doświadczenia, mogą gruntownie zmienić kształt dwujęzycznego umysłu.

Badania neurobiologii podkreślają, że nauka posługiwania się dwoma językami od dzieciństwa jest korzystna, nie tylko dla rozwoju kognitywistycznego i umiejętności społecznych, ale przynosi korzyści także w późniejszym wieku. Niedawne prace zespołu prowadzonego przez Anę Ines Ansaldo, dyrektorkę Laboratorium plastyczności, komunikacji i starzenia się mózgu oraz profesor na Uniwersytecie w Montrealu, pokazują, że w przeciwieństwie do starszych osób jednojęzycznych, starsze osoby dwujęzyczne rozwiązują zadania z większym sukcesem, bez wykorzystywania niektórych obszarów mózgu, najbardziej podatnych na starzenie. Bycie dwujęzycznym przez całe życie pozwala tworzyć nowe połączenia w mózgu, które mogę być traktowane jako polisa ubezpieczeniowa chroniąca nasz mózg przed starzeniem[113].

Rodzina i dwujęzyczność

Aby osiągnąć taki poziom dwujęzyczności, kluczowe znaczenie w procesie przyswajania języka ma wsparcie rodziny, ponieważ język jest zakorzeniony w tradycji i kulturze. Budowanie poczucia przynależności do kultury związanej z językiem, wymaga dużej motywacji. Im bardziej język jest zakorzeniony w doświadczeniu kulturowym - na przykład poprzez kontakt z native speakerami lub powiązaniem tradycji ze słownictwem - tym wyższy jest poziom opanowania języka. Wiele dzieci w programach dwujęzycznych uczestniczy również w weekendowych zajęciach kulturalnych. Wynika to z tego, że ich rodziny szukają dodatkowych możliwości do wzmocnienia poczucia przynależności i dumy z bycia członkiem danej grupy językowej, kładąc nacisk na literaturę, kulturę i historię kraju ojczystego,

Rodzice często obawiają się, że posługiwanie się dwoma językami w młodym wieku będzie skutkowało zdezorientowaniem i trudnościami w nauce. To co dorośli przyjmują, jako objaw zdezorientowania, to fakt, że dzieci, zwłaszcza małe, w swoich wypowiedziach często mieszają obydwa języki. Eksperci nazywają to zjawisko "przełączaniem kodów". Na przykład, dziecko wychowane mówiąc po mandaryńsku i po angielsku, może rozpocząć zdanie w mandaryńskim, wrzucić jedno lub dwa słowa w języku angielskim, a następnie kontynuować w języku mandaryńskim. Pytanie brzmi, czy to naprawdę jest oznaka zdezorientowania? Próbując odpowiedzieć na to pytanie, około dwudziestu lat temu, grupa językoznawców z Montrealu badała przypadki, w których dzieci wydawały się używać niewłaściwego języka lub „przełączały kod"[114]. Eksperci stwierdzili, że dzieci, zmieniające język w tym samym zdaniu, nie są zagubione, a raczej korzystają z pewnej strategii. Uczniowie wykorzystują wszystkie zasoby językowe, jakie mają do swojej dyspozycji. Ponadto ważne jest, aby pamiętać, że nawet jednojęzyczne dzieci mieszają słowa i znaczenia w swoim ojczystym języku, gdy przechodzą przez różne etapy rozwoju języka. Biorąc to pod uwagę, „przełączanie kodów" może nie stanowić już powodu do niepokoju. Praktyka „przełączania kodu" może być przynieść korzyści osobom dwujęzycznym, ponieważ przystosowywanie języka do otaczającego środowiska staje się ich drugą naturą.

W procesie nabywania języka naturalnym jest, że dzieci wzorują swój język na osobach, które słyszą najczęściej - w szczególności na rodzicach. Może to stanowić problem, jeśli rodzice zdecydują się rozmawiać ze swoimi dziećmi w języku, w którym niekoniecznie są biegli lub nie czują się swobodnie. W Stanach Zjednoczonych, niektórzy rodzice, niebędący native speakerami, mówią do swoich dzieci po angielsku, aby nie musiały one, tak jak oni doświadczać dyskryminacji z powodu ich akcentu. Ci rodzice chcą upewnić się, że ich dzieci będą mówiły płynnie po angielsku, bez akcentu. W ostatecznym rozrachunku, lepiej jest by rodzice rozmawiali ze swoimi dziećmi w swoim ojczystym języku niż w łamanym lub gramatycznie niepoprawnym angielskim. Podstawa językowa każdego dziecka musi mieć silne fundamenty - niezależnie od tego, czy jest to język angielski, czy inny język – oparte na komunikacji z rodzicami od najmłodszych lat. W ten sposób, gdy dziecko zaczyna naukę w szkole, nauczyciele mogą oprzeć się na bazie tego języka, aby rozwinąć umiejętność czytania w drugim, trzecim lub czwartym języku[115].

Dziecko i dwujęzyczność

Kiedy jako osoby dorosłe napotykamy dwa języki, w piśmie czy w mowie, klasyfikujemy je jako - angielski i hiszpański, lub francuski i niemiecki. Jednak z punktu widzenia dzieci dwujęzycznych, te dwa języki tworzą ich cały repertuar językowy. Na pewnym etapie, są uczeni i uczą się wybierać słowa z jednego konkretnego języka, aby dostosować się do pola komunikacji na którym się znajdują. Socjolingwistka Ofelia Garcia nazywa to przemyślane używanie języków - "translanguaging". W dwujęzycznych klasach dzieci rozwijają jeden, indywidualny system językowy o różnych cechach, które są przypisane społecznie do dwóch różnych języków. Garcia podkreśla, że niezwykle ważne jest, aby nie ograniczać używania języka tylko do jednego z nich. Jeśli przeszkadzamy dzieciom w przenoszeniu ich języka ojczystego i ich domowych doświadczeń do klasy, będą wymyślać własny język „pidgin" (mieszanka uproszczonych języków) lub znajdować inny sposób komunikowania się, gdy są razem w grupach[116].

Nauczyciele często tworzą oddzielne przestrzenie językowe - głównie dla siebie - aby lepiej organizować proces nauczania. Historie wyimaginowanych linii, które dzielą dwujęzyczne sale lekcyjne są powszechne. Jeśli jesteśmy zbyt rygorystyczni w temacie separacji językowej, która nie przynosi dzieci korzyści, a wręcz ogranicza ich naturalną progresję językową. Dlatego ważnym jest, aby dbać o rozwój skutecznych dwujęzycznych programów i programów nauczania.

Jedną z cech charakterystycznych programów dwujęzycznych jest nauczenie przedszkolaków i uczniów pierwszej klasy, czytania w ich ojczystym języku, bez względu na to, czy jest to angielski, czy język programu. Fakt, że dzieci mogą czytać w więcej niż jednym języku, otwiera im świat możliwości do uczenia się, wolny od ograniczeń nakładanych przez tłumaczenia i nieautentyczne teksty. W 2006 roku, profesor Uniwersytetu Stanforda, Claude Goldenberg przeprowadził pięć badań eksperymentalnych i udowodnił, że nauka w języku ojczystym sprzyja osiągnięciom czytania w drugim języku.

Ponieważ dzieci dwujęzyczne używają swoich języków w różnych sytuacjach i kontekstach, mogą one mieć mały zasób słów - szczególnie, biorąc pod uwagę tylko jeden język. Jeśli całe słownictwo związane z rodziną, domem i zabawą jest w jednym języku, a całe szkolne i akademickie słownictwo w innym, nie powinno dziwić, że dzieci mają ograniczony leksykon w każdym języku. Jednak badania wskazują, że jeśli wziąć pod uwagę połączenie zasobu słów w obydwu językach, to znajomość słownictwa przez dzieci dwujęzyczne jest na dość wysokim poziomie. Francois Grosjean nazywa to "zasadą komplementarności" lub ideą, że osoby dwujęzyczne używają różnych języków w różnych sytuacjach, z różnymi ludźmi, w różnych kontekstach, do robienia różnych rzeczy. Oczywiście w jednym lub wielu domenach mogą się one ze sobą nakładać. Zwłaszcza w codziennych sytuacjach, takich jak pozdrowienia, krótka rozmowa czy zakupy. Inne sfery życia często funkcjonują tylko w jednym języku - na przykład pojęcia prawne i biznesowe, słownictwo akademickie lub pojęcia geograficznie. Te sfery lingwistyczne zwiększają się wraz z upływem czasu, gdy dzieci rozwijają bardziej wszechstronne słownictwo i uczą się dwujęzyczności w bardziej zróżnicowanych sytuacjach i kontekstach.

Nic nie jest idealne

Mimo iż, ten rozdział skupia się głównie na zaletach dwujęzyczności, błędem byłoby nie wspomnieć o niektórych możliwych wadach życia osób dwujęzycznych. Na przykład, wiele osób dwujęzycznych zgłasza trudności w komunikowaniu się w słabszym języku - szczególnie w sytuacjach, gdy nie są przyzwyczajeni do używania tego języka. Inni mają trudności z tłumaczeniem i cierpią na brak słownictwa w jednym konkretnym języku. Zdarzają się również przypadki, kiedy dwujęzyczność może być powodem do trudności w zaakceptowaniu przez społeczność, których językiem posługuje się dana osoba. Niemniej jednak większość osób dwujęzycznych deklaruje, że czerpie korzyści z tego, że potrafi mówić w więcej niż jednym języku. W związku z tym, można uczciwie powiedzieć, że zalety dwujęzyczności znacznie przewyższają te drobne wyzwania.

Potencjał dwujęzyczności

Gdy weźmie się pod uwagę bogactwo dziedzictwa językowego tego kraju i liczbę wspólnot językowych, kwalifikujących się do skorzystania z programów dwujęzycznych, nie można nie dostrzec ogromnego potencjału zmian społecznych, które te programy mogą wprowadzić. Mówiąc wprost, nie ma wystarczającej liczby programów dwujęzycznych, szczególnie biorąc pod uwagę korzyści płynące z edukacji w dwóch językach i rosnące zainteresowanie dwujęzycznością w całym kraju. Zasięg korzyści płynących z dwujęzyczności można i należy rozszerzyć na wiele więcej dzieci, aby mogły one prowadzić dostatnie, satysfakcjonujące i wzbogacające życie.

ROZDZIAŁ 13

Edukacja dwujęzyczna w USA: co należy wiedzieć na początek

D yskusje o edukacji dwujęzycznej w Stanach Zjednoczonych często skupiały się wokół kwestii imigracji. Dawniej programy dwujęzyczne w Stanach Zjednoczonych były w dużej mierze postrzegane jako środek wspomagający imigrantów w nauce języka angielskiego poprzez tzw. model przejściowy. Zwolennicy tego sposobu nie koncentrują się na zaletach opanowania dwóch języków jako takich. W rzeczywistości, tego typu programy dwujęzyczne rzadko kładą nacisk na podtrzymywanie języka pochodzenia, co skutkuje pominięciem wielu zalet nauki języka ojczystego, jak również angielskiego, jakie ma nauka w środowisku akademickim. Na szczęście, pomimo tego, nieco ugruntowanego, poglądu na amerykańską edukację dwujęzyczną, ogólnie przyjęte postawy i praktyki zaczynają się zmieniać.

Dwujęzyczne programy językowe dla wszystkich

Programy języka angielskiego jako drugiego języka (ESL) w Stanach Zjednoczonych jak do tej pory, co zresztą zrozumiałe, dotyczyły głównie dzieci, których językiem ojczystym nie jest angielski. Ponieważ jednak dominujący model nauki języka angielskiego aktualnie zaczyna się przekształcać w model dwujęzyczny, cele tych programów ewoluują. Obecnie rośnie liczba programów dwujęzycznych tworzonych nie tylko po to, by służyły uczącym się języka angielskiego, ale także tym, dla których angielski jest językiem ojczystym. Tendencję tę mogą tłumaczyć przekonujące dowody na to, że kształcenie dzieci w wielu językach zwiększa ich konkurencyjność na rynku globalnym, wpływając pozytywnie na umiejętności językowe, poprawiając zdolność czytania ze zrozumieniem w języku angielskim, a nawet umiejętności matematyczne.

Programy te koncentrują się na zaletach dwujęzyczności z których mogą korzystać wszyscy uczniowie, niezależnie od ich wyjściowych umiejętności językowych.

Programy dwujęzyczne w Stanach Zjednoczonych są dostępne w wielu językach. Podczas gdy angielski jest zawsze jednym z dwóch nauczanych języków, „drugi" język waha się od hiszpańskiego, mandaryńskiego, koreańskiego, francuskiego, japońskiego, niemieckiego, rosyjskiego, portugalskiego, arabskiego i włoskiego, po kantoński, hmong, bengalski, urdu, kreolski, cup'ik i ojibwe, by wymienić tylko kilka. Istnieją też programy dwujęzyczne w amerykańskim języku migowym[117] Każdy z oferowanych języków odzwierciedla tło danej społeczności, które może obejmować powiązania etniczne, interesy handlowe lub po prostu chęć zapewnienia dzieciom konkurencyjnych kompetencji. Tworząc takie programy, każda ze społeczności przyczynia się do tego, aby Stany Zjednoczone jako całość stały się bardziej konkurencyjne pod względem akademickim i gospodarczym.

Edukacja dwujęzyczna w Stanach Zjednoczonych jest wielopłaszczyznowa. Ponieważ nie ma ustawy federalnej ustanawiającej przepisy dotyczące treści kształcenia, każdy okręg szkolny ustala własne podejście pedagogiczne natomiast standardy programu nauczania określa się na szczeblu państwowym. Powstała liczba i różnorodność programów dwujęzycznych może wprawiać w zakłopotanie rodziców i wychowawców, którzy chcą wprowadzić podobne programy do swoich społeczności. Omawiając te programy, konieczne jest podanie jasnych definicji dla powszechnie stosowanej terminologii. Poniżej znajdują się definicje wydane przez Biuro Wydziału Języka Angielskiego w Urzędzie ds. Edukacji:

- „Dwustronne" programy dwujęzyczne (znane również jako programy „dwukierunkowej imersji"): uczący się języka angielskiego, którzy biegle posługują się językiem programu i ich anglojęzyczni rówieśnicy, kształcą się w języku angielskim i języku programu.
- „Jednostronne" programy dwujęzyczne: uczniowie z jednej grupy językowej kształcą się zarówno w języku angielskim, jak i w języku programu. Jednokierunkowe programy dwujęzyczne mogą służyć grupom uczącym się języka angielskiego (zwane są wtedy również programami dwujęzycznymi lub programami rozwojowymi); studentom

anglojęzycznym (zwane wówczas programami immersyjnymi w języku jednokierunkowym / światowym); lub grupom uczniów o pochodzeniu kraju z języka programu (znane również jako programy dziedzictwo lub programy w języku ojczystym)[118].

Istnieje również wiele subtelnych czynników, które kształtują dany program dwujęzyczny, takich jak nauczane przedmioty lub czas trwania programu. Dzięki tak szerokiej gamie programów i języków z pewnością znajdziesz model, który odpowiada Twojej społeczność i najlepiej służy lokalnej wspólnocie.

Imigracja a wzrost edukacji dwujęzycznej: perspektywa historyczna

Historia edukacji dwujęzycznej w Stanach Zjednoczonych zmieniała się rosnąc lub malejąc wraz z falami ludności, która przybywała do kraju na przestrzeni dziejów. Od wczesnych przyjazdów Europejczyków w XVII wieku, poprzez Portorykańczyków w latach 40-tych XX w., po masowy exodus Kubańczyków na początku lat 60-tych, głównym celem rodzin imigranckich w Ameryce nie było utrzymanie ich ojczystego języka, ale przyswojenie angielskiego, co pozwoliłoby im na podjęcie pracy zarobkowej. W czasie tych fal imigracji, szkoły języka ojczystego rozwijały się poza publicznym systemem szkolnictwa i równolegle do niego. Programy weekendowe i popołudniowe stały się metodami podtrzymywania pewnego poziomu dziedzictwa językowego i kulturowego. Jednak głównym celem programów szkolnych pozostawało opanowanie języka angielskiego. Rodzice-imigranci korzystali z tych programów, aby odnaleźć się w nowym środowisku i zapewnić pomyślność sobie i swoim dzieciom.

Kontekst imigracyjny skłonił do podejmowania decyzji prawnych i sądowych, które miały znaczący wpływ na edukację dwujęzyczną. W 1965 r. prawo imigracyjne w Stanach Zjednoczonych zostało poddane znacznym reformom, w następstwie zmian demograficznych. Liczba chińskich i wschodnioazjatyckich imigrantów - populacji, która nie mówiła po przybyciu do Stanów Zjednoczonych po angielsku - gwałtownie wzrosła. Rosnąca populacja hiszpańskojęzyczna w Ameryce, również zdała sobie sprawę z potrzeby zapewnienia dwujęzycznych programów swoim uczniom. Nie mogąc uzyskać dostępu do świadczeń niezbędnych, by ich dzieci mogły odnieść sukces w szkole, społeczności imigrantów zaczęły zdawać sobie sprawę z tego, że działanie prawne było konieczne, by zreformować publiczny system edukacji.

W Nowym Jorku, portorykańscy rodzice zmobilizowali się wokół ASPIRA (organizacji adwokackiej, wspierającej Portorykańską i Latynoską Wspólnotę) i związku rodziców United Bronx Parents, aby walczyć o prawa „English Language Learners". Głównym punktem ich ruchu było przekonanie, że językowe i kulturowe pochodzenie dzieci stanowi zasadniczy element skutecznej pedagogiki oraz że zarówno edukacja dwujęzyczna, jak i kulturalna powinny być wdrażane w szkołach publicznych. W 1972 r. ASPIRA złożyła pozew o prawa obywatelskie, domagając się, aby Nowy Jork zapewniał lekcje przejściowe w języku hiszpańskim dla latynoskich studentów. W rezultacie, ASPIRA podpisała w 1974 roku wraz z NYC Board of Education, dekret, uważany za przełomowy dokument sądowy w historii edukacji dwujęzycznej w Stanach Zjednoczonych, który prawnie egzekwował dwujęzyczne nauczanie jako federalne uprawnienie dla nowojorskich uczniów pochodzenia portorykańskiego i latynoskiego, nie mówiących po angielsku[119].

Również w 1974 r. Grupa chińsko-amerykańskich studentów w San Francisco wniosła sprawę łamania praw obywatelskich twierdząc, że odmówiono jej równych szans w edukacji, która należy im się zgodnie z treścią VI ustawy o prawach obywatelskich z 1964 r. zabraniającej dyskryminacji ze względu na pochodzenie narodowe. Rozstrzygając na korzyść studentów sprawę, znaną dzisiaj jako sprawa Lau przeciwko Nicholsowi, Sąd Najwyższy stwierdził, że studenci ci powinni otrzymać równy dostęp do edukacji publicznej. Ten przełomowy przypadek stał się podstawą prawną dla uczniów „English Language Learners" i ich rodzin do domagania się dostępu do programów dwujęzycznych w ich ojczystym języku w Stanach Zjednoczonych, jak to opisano we wcześniejszych rozdziałach książki. Sprawa Lau przeciwko Nicholsowi odzwierciedla, między innymi, powszechnie akceptowany pogląd, że język danej osoby jest ściśle powiązany z jej pochodzeniem narodowym, a dyskryminacja językowa pośredniczy w dyskryminacji ze względu na pochodzenie[120].

Kilka lat po przypadku wyżej opisanej sprawy Lau przeciwko Nicholsowi i zakończeniu wojny w Wietnamie, w wyniku ustawy o imigracji południowoazjatyckiej z 1979 roku, nowa fala imigracji uchodźców przetoczyła się przez Stany Zjednoczone. Wybrzeże Zatoki

Meksykańskiej stało się domem dla tysięcy osób wietnamskojęzycznych, natomiast imigranci mówiący w hmong z północnego Wietnamu, Laosu i Kambodży zasiedlili głównie stan Minnesota[121]. Dzisiaj, w wyniku tej ogromnej migracji, Minnesota ma największą w USA populację mówiącą w hmong i największą liczbę programów dwujęzycznych w tym języku[122]. Uchodźcy przesiedleni z różnych stref wojennych pomogli także ożywić kilka amerykańskich społeczności, w szczególności Bośniaków w Utica w stanie Nowy Jork; Somalis w Lewiston, Maine; i Syryjczyków w Detroit w stanie Michigan.

Przełamując tabu dwujęzyczności w Ameryce

Sedno problemu jednojęzycznej Ameryki leży w jej fizycznym usytuowaniu. W przeciwieństwie do pozostałej większości świata, gdzie zwyczajnym jest, że populacje dzielą granice z licznymi społecznościami językowymi, możliwości wymiany językowej w Stanach Zjednoczonych są ograniczone przez uwarunkowania geograficzne. Prowadzi to do większej izolacji i samowystarczalności USA. Ponadto Stany Zjednoczone są krajem zamożnym i dobrze sytuowanym, pod względem możliwości ekonomicznych i standardu życia, w związku z tym wielu Amerykanów nie czuje potrzeby uczenia się drugiego języka, aby poprawić swoją sytuację osobistą lub zawodową.

Wbrew jednojęzycznej mentalności Amerykanów, eksperci zgadzają się, że deficyt języka obcego w Stanach Zjednoczonych hamuje ich globalną konkurencyjność[123]. Programy językowe są niestety rzadko wprowadzane przed liceum, mimo że dzieciom w szkole podstawowej znacznie łatwiej jest uczyć się nowych języków. Kryzys znajomości wyłącznie języka angielskiego pojawił się po 11 września, kiedy okazało się, że przekazywanie wiadomości w języku arabskim przechwyconym przez amerykańskie dane wywiadowcze nie było interpretowane na czas z powodu braku tłumaczy. Departament Stanu USA zaczął w następstwie finansować letnie programy z zakresu "ważnych języków" – takich jak arabski, chiński, rosyjski, japoński i koreański[124]. Jednakże, ponieważ kierowani byli tam studenci w starszym wieku niż ten optymalny do szybkiego zdobywania płynności językowej wysiłki te nie miały takiego wpływu, jaki mogłyby mieć. Krótsze programy immersji językowej, takie jak obozy letnie, również zyskały na popularności, ale dają niejednoznaczne rezultaty.

W latach 90-tych i na początku XXI wieku programy dwujęzyczne zostały skrytykowane za rzekomy brak skuteczności w nauczaniu języka angielskiego imigrantów, a kampaniom wyborczym udało się zakazać przejściowych programów edukacji dwujęzycznej w Kalifornii, Massachusetts i Arizonie[125]. Doprowadziło to do wzrostu stygmatyzacji Latynosów, Azjatów, mieszkańców wysp Pacyfiku, Afrykanów, Indian Zachodnich, rdzennych Amerykanów i innych grup mniejszości językowych. Zyskał za to na sile ruch na rzecz wyłączności języka angielskiego, który niestety do dziś aktywnie wpływa na wielu członków Kongresu, usiłując przeforsować politykę jednojęzyczności[126]. Pomimo tych przeciwności, szkoły były w stanie znaleźć luki i zaczęły przyjmować modele "dual-language " - sprytnie maskując termin "bilingual", który nabrał politycznie negatywnego znaczenia.

Aktualnie programy „dual-language" zaczynają się znacząco rozwijać. Między innymi stany Georgia, Delaware i Północna Karolina rozszerzyły swoje inwestycje w dwujęzyczne zanurzenie; Minnesota zrewidowała swoją politykę budżetową i edukacyjną, aby pomóc młodym dual-language learners; Nowy Jork i Oregon zmieniają strategię, biorąc pod uwagę długofalowe wyniki w nauce dzieci dwujęzycznych; ustawodawcy w Kalifornii i Massachusetts zaproponowali obalenie odpowiednich zakazów edukacji dwujęzycznej. Fakt, że edukacja dwujęzyczna po raz kolejny stała się kwestią polityczną, tym razem z miażdżącym poparciem, jest wskaźnikiem skuteczności tych programów.

W 2000 roku, Sekretarz ds. Edukacji Richard Riley wezwał do zwiększenia liczby programów „dual-language" w Stanach Zjednoczonych z około 260 w 2000 r. do przewidywanego 1000 w 2005 r., Według danych z Centrum Lingwistyki Stosowanej na temat programów „dwustronnej" i „jednostronnej" imersji językowej, cel ten został osiągnięty[127]. Aktualne niezweryfikowane szacunki sięgają nawet 2000 programów „dual-language" w Stanach Zjednoczonych[128]. Ten wzrost wskazuje na sukces edukacji dwujęzycznej, pomimo "dwujęzycznego tabu".

Droga jednego stanu prowadząca do dwujęzycznej przyszłości

Szczególnym przypadkiem jest Utah, mogące pochwalić się trzecią najwyższą liczbą programów „dual-language" w Stanach Zjednoczonych z około 140 szkołami, w których uczy się 34 000 studentów od 2017 r. Wyjątkowe jest to, że programy dwujęzyczne w stanie Utah - odizolowanym geograficznie od ważnych ośrodków gospodarczych – przeżywają rozkwit, pomimo braku różnorodnych wspólnot językowych. Zagadnienie języków obcych w Utah została opracowane i wdrażane dzięki wizji silnych osobistości politycznych, które zidentyfikowały potrzebę umiejętności językowych w biznesie, administracji i edukacji. W 2008 r. Senat stanu Utah uchwalił Międzynarodową Inicjatywę Edukacyjną, zapewniając fundusze dla szkół w stanie Utah na rozpoczynanie dwujęzycznych programów imersji językowej po chińsku, francusku i hiszpańsku. Niemiecki i portugalski zostały później dodane do oferty programowej, a arabski i rosyjski są na etapie planowania na najbliższą przyszłość[129].

Inicjatywa „dual-language" w Utah wykorzystuje model częściowej imersji językowej, w którym uczniowie otrzymują pięćdziesiąt procent nauki w języku docelowym, a pozostałe pięćdziesiąt procent w języku angielskim, z dwoma nauczycielami na każdą klasę. Większość programów w Utah rozpoczyna się w pierwszej klasie, a kilka z nich rozpoczyna się w przedszkolu. Na etapie liceum uczestniczący w programie uczniowie powinni zapisać się na zajęcia z zaawansowan[130]ego kursu językowego i zdać egzaminy AP World Languages and Cultures w 9. klasie. W klasach od 9 do 12 uczniowie otrzymują ofertę zajęć na poziomie uniwersyteckim dzięki łączonym możliwościom nauki wspólnie z sześcioma głównymi uniwersytetami w Utah. Uczniowie są również zachęcani do nauki trzeciego języka w liceum. Ten ciąg programów jest ważnym krokiem w ewolucyjnym procesie edukacji dwujęzycznej.

Szkodliwy wpływ zbyt wczesnego zakończenia

W całym kraju dwujęzyczne programy w szkołach publicznych często kończą się na poziomie szkoły podstawowej, niewiele kontynuuje naukę w gimnazjum. Nawet jeśli programy są kontynuowane po szkole podstawowej, większość z nich oferuje więcej godzin w języku docelowym, gdy dzieci są młodsze, a następnie dodaje więcej godzin w języku angielskim, gdy przechodzą do gimnazjum lub liceum. To wielka szkoda, ponieważ nawet jeśli programy dwujęzyczne zapewniają doskonałe możliwości nauki języków na poziomie szkoły podstawowej, ten brak kontinuum edukacyjnego grozi utratą zdobytej wiedzy i w konsekwencji może znacznie zmniejszyć wyjściową wartość zdobytej w młodym wieku umiejętności. W poszukiwaniu rozwiązania tego problemu, działam wspólnie z Boerum Hill School for International Studies - publicznym gimnazjum i liceum w Brooklynie – aby połączyć program International Baccalaureate z programem „dual-language" w języku francuskim i angielskim w klasach od 6 do 12. Naszym celem jest, aby uczniowie mogli ukończyć dwujęzyczny dyplom IB i byli gotowi do dalszej edukacji na uczelniach wyższych na całym świecie. Takie wspólne wysiłki są kluczem do utrzymania osiągnięć małych dzieci w dwujęzyczności i dbania o cenny dar języka.

Ponieważ globalizacja zbliża nasz świat bardziej niż kiedykolwiek, musimy zastanowić się nad naszą konkurencyjnością na poziomie międzynarodowym. Znajomość wielu języków i kultur może dać Amerykanom przewagę na tym tle, a kolejni absolwenci szkół średnich i wyższych mogliby stanowić pracowników lepiej dostosowanych do rynku globalnego. Wielokrotnie udowadniano, że nauczanie dwujęzyczne daje niesamowite rezultaty, jednak w Stanach Zjednoczonych brak jest mobilizacji na poziomie krajowym, nie pomagają w tym również utrwalane mity i tabu. W dzisiejszych czasach Rewolucja dwujęzyczna potrzebna jest bardziej niż kiedykolwiek, aby ustanowić znaczącą pozycję edukacji dwujęzycznej dla dobra przyszłych pokoleń.

Przyszłość edukacji jest w dwóch językach

W ciągu ostatnich piętnastu lat, społeczności językowe w różnych miastach Stanów Zjednoczonych, stworzyły i wsparły dziesiątki programów dwujęzycznych, które kształcą dzieci w dziesiątkach języków, a historie niektórych z nich zostały opisane w tej książce. Przykłady przytoczone w poprzednich rozdziałach, ilustrują pasję i entuzjazm osób zaangażowanych we wdrażanie tych programów i dowodzą, że możliwe jest ich stworzenie od podstaw. Dzieląc się historiami nowojorskiej rewolucji dwujęzycznej i planem, z którego korzystali rodzice i nauczyciele przy tworzeniu własnych inicjatyw, mam nadzieję, że książka ta stanie się źródłem wskazówek dla rodziców i wychowawców, którzy rozważają stworzenie podobnych programów w swoich szkołach. Historie japońskich, włoskich, niemieckich, rosyjskich, arabskich, polskich, hiszpańskich, chińskich i francuskich inicjatyw dwujęzycznych w Nowym Jorku miały różny przebieg, ale z wszystkich płynie taki sam morał: wizja paru osób ma wystarczającą moc do tego, by napędzić cały ruch oraz stworzyć edukacje dwujęzyczną w szkołach publicznych w całym kraju i na całym świecie. Te programy to coś więcej niż programy językowe. Budują one świadomość kulturową w szkołach, tworząc wymiany międzykulturowe. Wzmacniają i wspierają języki ojczyste w naszych społecznościach. Promują wartości różnorodności językowej i kulturowej na miarę XXI wieku.

Myśląc o globalnym świecie, w którym żyjemy dzisiaj, nie możemy dłużej trzymać się przekonania, że mówienie tylko po angielsku jest wystarczające. Przez takie podejście, Stany Zjednoczone pozostają w tyle i tracą. Ludzie na całym świecie uczą się angielskiego i stają się wielojęzyczni. Konieczne jest, abyśmy w Stanach Zjednoczonych mogli czytać, pisać i komunikować się w więcej, niż jednym języku. Jeśli nie uda nam się odejść od obecnego samozadowolenia, zarówno my, jak i nasze dzieci stracimy wiele osobistych, społecznych, zawodowych i akademickich korzyści, jakich dostarcza nam dwujęzyczność. Jak powiedział kiedyś Gregg Roberts, były specjalista ds. języków i dwujęzyczności w Urzędzie Edukacji w Utah, "Monolingwalizm jest analfabetyzmem XXI wieku".

U większości osób, które nie mówią po angielsku, a które przyjeżdżają do Stanów Zjednoczonych, język ojczysty zanika w ciągu dwóch pokoleń. Wnuki i dziadkowie tracą zdolność komunikowania się ze sobą. Zdarza się też, że dzieci i rodzice tracą zdolność głębokiej rozmowy, wymiany myśli. Wiele rodzin przedstawionych w tej książce nie chciało stać bezczynnie w obliczu tego kryzysu. Opisani rodzice, wierzyli w korzyści płynące z tworzenia więzów międzypokoleniowych, takie jak zachowanie dziedzictwa, otwarcie na literaturę, kulturę i historię, a także wzmacnianie poczucia przynależności, dumy i tożsamości. Rodzice ci zrozumieli, że programy dwujęzyczne mogą przyczynić się do stworzenia tętniącego życiem, bogatego i zróżnicowanego społeczeństwa. Przede wszystkim zrozumieli, że dwujęzyczność dotyczy ich rodzin. Chodzi o zachowanie tego, kim jesteśmy, w sposób, który wykracza poza ramy samej nauki języka.

W naszym obecnym społeczeństwie, angielski ma moc dominowania nad innymi językami, które są niezwykle cenne i niosą ze sobą bogatą kulturę, historię i wiedzę. Wraz z dominacją językową, istnieje również kwestia amerykanizacji i asymilacji, które często przybierają skrajne formy. Mimo iż, nauka języka jest zagadnieniem o znaczeniu globalnym, Rewolucja dwujęzyczna rozpoczyna się na poziomie lokalnym, w dzielnicach, szkołach i społecznościach. Bez żadnego przymusu, wiele dzieci odkrywa ogromną wagę, jaką posiada język angielski w naszym jednojęzycznym środowisku. W rezultacie, zaczynają one postrzegać ich język ojczysty w negatywnym świetle. Zamiast ulegać tej presji, musimy uczyć dzieci, ich rodziców, ich szkoły i ich społeczności, że dwujęzyczność jest dla nich najlepszym wyborem. Im lepiej będziemy mogli komunikować się w obrębie naszych własnych wspólnot, tym silniejsza będzie struktura naszego społeczeństwa.

Jak pokazała to książka, nie zawsze łatwo jest tworzyć programy dwujęzyczne od podstaw. Biorąc to pod uwagę, jeśli rodzice postępują zgodnie z planem działania, a władze szkolne opracują jasne wytyczne oraz mechanizmy wsparcia, oddolne inicjatywy tego rodzaju będą w stanie działać skuteczniej i zwiększą swoją szansę na odniesienie sukcesu. Trudności i wytrwałość zaprezentowane przez te inicjatywy dwujęzyczne, pokazują, że cały system edukacyjny w Stanach Zjednoczonych musi zostać przekształcony. Szkoły muszą sprostać rosnącemu zapotrzebowaniu na edukację dwujęzyczną, przyjmując tego typu inicjatywy z otwartymi ramionami.

W przypadkach omawianych w tej książce, to rodzice pracowali niestrudzenie, aby stworzyć programy dwujęzyczne. To rodzice poświęcili ogromną ilość czasu i wysiłku. To rodzice badali, planowali i wdrażali te nowe programy w swoich lokalnych szkołach. To rodzice utworzyli działające bez zarzutu „maszyny", opracowali niezwykłe strategie lokalizowania i wybierania szkoły oraz rekrutowania rodzin. Nawet, mimo iż czasem praca u podstaw była wykonana, wysiłki rodziców nie przynosiły zamierzonych efektów, jednak oni nie poddawali się. Pomimo przeszkód, zawirowań i pozornie niekończącej się biurokracji, rodzice, administracja szkoły i nauczyciele nie poddawali się. Swoimi działaniami te grupy wsparły nie tylko rozwój swoich lokalnych społeczności, ale i całego świata.

Podobnie jak w przypadku każdej rewolucji, trzeba pokonać wiele wyzwań, aby móc ją przeprowadzić na wielką skalę. Źródłem tych wyzwań są fundusze i budżety szkół. Niemal wszystkie szkoły, do których zwrócili się rodzice, opisani w tej książce, wspominały o potrzebie dodatkowych środków finansowych na tego typu programy. Dostęp do materiałów edukacyjnych w języku programu to kolejny powracający problem, z którym borykają się nauczyciele języków obcych. Niedobór niezbędnych materiałów edukacyjnych, jak i funduszy, stanowią poważne przeszkody dla szkół, szczególnie dla tych, którym brakuje odpowiednich zasobów. Aby sprostać tym wyzwaniom, najważniejsza jest współpraca między szkolną administracją, fundacjami i lokalnymi organizacjami społecznymi, które mogą zapewnić finansowanie. Lwia część sukcesu edukacji dwujęzycznej leży we wsparciu, powstałym w wyniku tej współpracy.

Równie ważnym wyzwaniem jest rekrutacja i angażowanie dwujęzycznych nauczycieli. Przepisy dotyczące wymogów formalnych niezbędnych do podjęcia nauczania w szkołach publicznych w Stanach Zjednoczonych różnią się w zależności od Stanu. Takie obostrzenia, znacznie zawężają pole kandydatów. Certyfikaty państwowe, zamiast stanowych, znacznie pomogłyby w zwalczaniu tej przeszkody administracyjnej. Co więcej, małą część nauczycieli dwujęzycznych stanowią obywatele USA lub posiadacze zielonej karty. Mimo iż, szkoły mogą oferować nauczycielom, którzy są w trakcie rekrutacji, różnego rodzaju wizy, to mają one jedynie tymczasowy charakter. Niektóre Stany zezwalają na korzystanie z tego mechanizmu tylko wtedy, gdy żaden inny amerykański nauczyciel, posiadający certyfikat państwowy nie jest uprawniony do wykonywania tej samej pracy. To znacznie zmniejsza pole działania szkół, zwłaszcza jeśli chcą one rekrutować native speakerów języka programu, aby stworzyć lepsze warunki do kształcenia. Problem ten nasila się w szkołach odległych od dużych ośrodków miejskich. Na szczęście istnieje pewne długoterminowe rozwiązanie tego problemu. Jako iż uczniowie obecnie uczący się w programach dwujęzycznych, kończą studia i sami stają się nauczycielami, mogą oni również stać się zdolnymi, wykwalifikowanymi i certyfikowanymi nauczycielami dwujęzycznymi. Ta potencjalna przyszła grupa kompetentnych, wykształconych nauczycieli dwujęzycznych może wiele zmienić. Gdy dwujęzyczność stanie się regułą zamiast wyjątku, wykwalifikowani kandydaci będą łatwi do znalezienia.

Istnieją pewne wyraźne i dające nadzieję oznaki, że Amerykanie zaczynają poszerzać swoje horyzonty, myśleć poza granicami własnego kraju oraz rozpoznawać bogactwo i różnorodność, które są częścią ich dzisiejszej kultury. Coraz częściej Amerykanie mówią w domu w języku innym niż angielski, częściowo dzięki imigracji. Płynność w więcej niż jednym języku, powoli staje się normą, szczególnie w dużych ośrodkach miejskich. Równocześnie, dwujęzyczność doświadczyła wzrostu zainteresowania, ponieważ rodzice dowiadują się o korzyściach, które wczesna nauka języków obcych może zaoferować swoim dzieciom. Zalety kognitywne, akademickie, społeczne, osobiste i zawodowe dwujęzyczności są niezaprzeczalne. Dwujęzyczność i wielojęzyczność są obecnie postrzegane jako atut, nie tylko ze względu na walory kulturowe, ale także ze względu na kształtowanie globalnych obywateli. Nie ma wątpliwości, że edukacja dwujęzyczna powinna być dostępna dla każdego dziecka, w Stanach Zjednoczonych i na całym świecie.

Rewolucja dwujęzyczna została zbudowana na fundamencie złożonym przez rodziców. Teraz moc jest w Twoich rękach. Wskazówki i historie opisane w tej książce są dla Ciebie. Ucz się na podstawie ich sukcesów i porażek. Użyj ich, aby zainspirować i zaangażować Twoją społeczność. Pamiętaj, że masz za sobą globalny ruch, który wierzy w moc dwujęzyczności. Z największym optymizmem i nadzieją, przekazuję „znicz" Rewolucji dwujęzycznej. Przyszłość edukacji może być w dwóch językach, ale to od nas zależy czy taka ta przyszłość nastanie.

APPENDICES

1-Wskazówki (wersja skrócona)

Poniżej, przedstawiona jest to skrócony schemat wskazówek dla rodziców, którzy są zainteresowani stworzeniem programu dwujęzycznego w publicznej szkole. Rodzice mogą zmieniać swoje społeczności, uruchamiając programy dwujęzyczne bez względu na to, gdzie mieszkają.

Ten plan działania podzielony jest na trzy fazy:

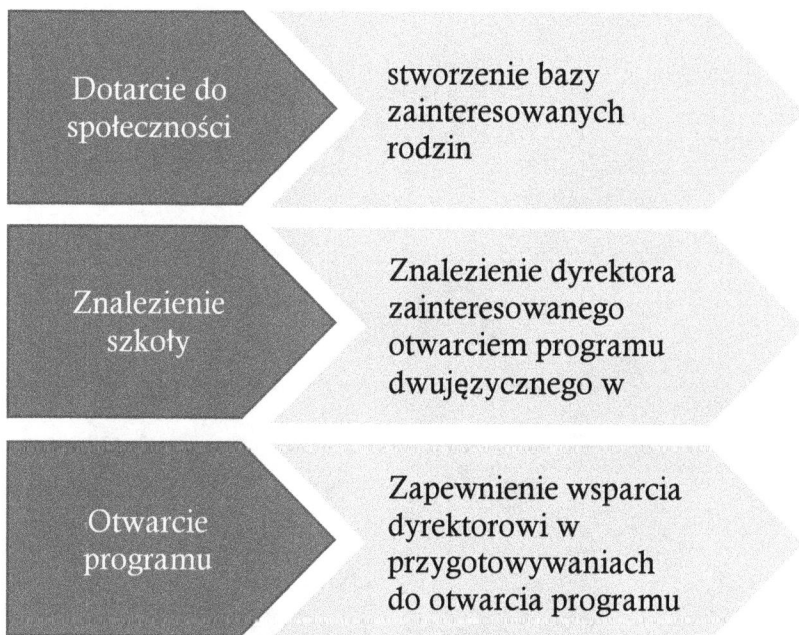

Dotarcie do społeczności	stworzenie bazy zainteresowanych rodzin
Znalezienie szkoły	Znalezienie dyrektora zainteresowanego otwarciem programu dwujęzycznego w
Otwarcie programu	Zapewnienie wsparcia dyrektorowi w przygotowywaniach do otwarcia programu

Faza pierwsza nawiązywanie relacji ze wspólnotą: stworzenie bazy zainteresowanych rodziców

Jeśli chcesz, żeby projekt się powiódł, musisz połączyć się z dziesiątkami, jeśli nie setkami osób w Twojej społeczności, aby stworzyć bazę zainteresowanych rodzin. Możesz zacząć od utworzenia podstawowej grupy rodziców, których znasz i którym ufasz. To będą rodzice, którzy wezmą udział w budowaniu Waszej wspólnej wizji, nawet jeśli nie mają dzieci, korzystających z tego programu.

Jeśli nie inicjujesz tego przedsięwzięcia z myślą o konkretnym języku, ale interesuje cię edukacja dwujęzyczna jako sposób edukowania dziecka, dokładnie zbadaj pochodzenie językowe Twojej społeczności, aby ocenić wsparcie, jakie możesz otrzymać. Zrozumienie kulturowych niuansów, wedle których społeczność oceni Twoją propozycję, będzie kluczowe. Potencjalni partnerzy, działacze edukacyjni, przedsiębiorcy z wybranej kultury, pomogą ci w stworzeniu projektu, przedstawiając go w sposób, który jest akceptowany lub preferowany przez społeczność.

Różne sposoby na dotarcie do potencjalnie zainteresowanych rodzin:

- Publikuj ogłoszenia za pośrednictwem mediów społecznościowych, blogów, portali dla rodziców, listów, ulotek, plakatów lub pocztą pantoflową, wyjaśniając, że szukasz osób, które zechciałyby pomóc ci stworzyć program dwujęzyczny w określonym języku.
- Poszukaj już istniejących sieci społecznościowych firm, ośrodków religijnych, domów kultury oraz dzieci, które są native speakerami innego języka w ramach rejonu wybranej szkoły.
- Rozprowadź list lub ulotkę podczas spotkań lub prezentacji.
- Skontaktuj się z lokalnymi żłobkami i przedszkolami, programami Head-Start, szkołami prywatnymi, szkołami językowymi, ośrodkami kulturalnymi, instytucjami religijnymi, stowarzyszeniami rodziców i agencjami miejskimi, które wspierają politykę rodzinną.
- Angażuj się w rozmowy z rodzicami na lokalnych placach zabaw, w sklepach, supermarketach i szkołach, w których rodziny mogą szukać alternatywnych możliwości edukacji młodszego rodzeństwa.
- Noś ubrania, czapki lub plakietki, które będą wzbudzać ciekawość innych rodziców

Gdy grupa zgromadzi wystarczającą liczbę ochotników, możesz zacząć tworzyć komitety odpowiedzialne za różne zadania. Najlepiej zorganizować jest kilka komitetów, w tym: społeczny komitet wsparcia, lokalny komitet szkolny i komitet wsparcia programowego. Dodatkowe komitety mogą być również uwzględniane na różnych etapach procesu w zależności od potrzeby inicjatywy, na przykład: komitet ds. rekrutacji nauczycieli, komitet pozyskiwania funduszy lub komitet zajęć pozalekcyjnych.

Zbieranie informacji

Twój komitet dotarcia do społeczności powinien skupić się na gromadzeniu danych rodzinnych na temat:

- Liczby rodzin zainteresowanych programem,
- Języków używanych w domu i rozumianych przez dzieci,
- Datę urodzenia dzieci i datę rozpoczęcia edukacji w szkole podstawowej,
- Rejon szkolny

Te dane pomogą ci również ustalić czy program dwujęzyczny, który tworzysz, będzie miał charakter „jednostronny" czy „dwustronny":

- „Jednostronny": posiadający tylko jedną grupę dzieci mówiących tym samym językiem, które są kształcone w innym języku.
- "Dwustronny": z dwiema grupami dzieci podzielonymi na dwie równe pod-grupy, jedną składającą się z dzieci dla których językiem ojczystym jest język programu, a drugą, której językiem jest język urzędowy lub narodowy, w tym przypadku angielski.

Decyzja ta powinna zostać podjęta na podstawie liczby rodzimych użytkowników, którzy się zarejestrują. Aby ustanowić limit miejsc, musisz zweryfikować średnią liczbę dzieci zapisanym do początkowej klasy w danym rejonie szkolnym. Dodatkowo, należy zapoznać się z legislacją obowiązującą w rejonie szkolnym w odniesieniu do osób, które nie są rodzimymi użytkownikami oficjalnego języka.

Dlatego przeprowadzane badania powinny:
- Określić liczbę dzieci według rejonów szkolnych, uznawanych za nie-rodzimych użytkowników angielskiego lub za uczących się języka angielskiego (lub innego języka urzędowego).
- Określić liczbę dzieci według rejonu szkolnego, uznawanych za dwujęzyczne.
- Określić liczbę dzieci w rejonie szkolnym, uznawanych za native speakerów języka urzędowego (w tym przypadku

angielskiego), którzy nie znają języka programu, ale których rodziny są zaangażowane w edukację dwujęzyczną w języku, który został wybrany.

Te dane pomogą ci wyjaśnić, w jaki sposób Twój dwujęzyczny program będzie odpowiadał na różne potrzeby. Może to również pomóc w uzyskaniu dodatkowego finansowania z agencji państwowych lub organizacji filantropijnych, szczególnie tych, które wspierają uczących się języka angielskiego.

Często potencjalna rejestracja rozpoczyna się od dużej bazy, a kończy małą grupą w dniu otwarcia. Wskazane jest rekrutowanie większej liczby studentów, niż jest to konieczne do otwarcia programu dwujęzycznego w lokalnych szkołach.

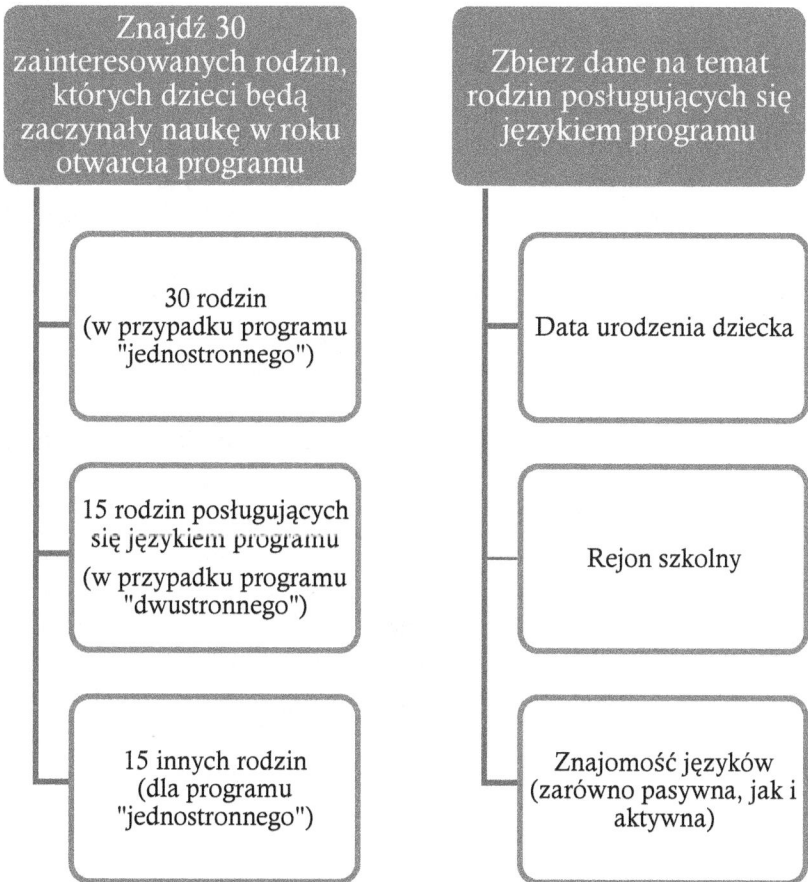

Znajdź 30 zainteresowanych rodzin, których dzieci będą zaczynały naukę w roku otwarcia programu	Zbierz dane na temat rodzin posługujących się językiem programu
30 rodzin (w przypadku programu "jednostronnego")	Data urodzenia dziecka
15 rodzin posługujących się językiem programu (w przypadku programu "dwustronnego")	Rejon szkolny
15 innych rodzin (dla programu "jednostronnego")	Znajomość języków (zarówno pasywna, jak i aktywna)

Kontakt ze społecznością

Najważniejszym zadaniem, które należy podjąć wcześnie w toku pracy, jest stworzenie bazy wsparcia wśród wybranej społeczności, zawierającej listę wpływowych osób, urzędników, jak i organizacje wspierające.

Wiąże się to z:

- Udziałem w spotkaniach społeczności oraz informowaniem społeczeństwa o inicjatywie programu dwujęzycznego.
- Organizowania spotkań z urzędnikami szkolnymi (Departament Edukacji, Kurator, Biuro Języków Obcych itp.), aby pokazać zebrane dane i odpowiedzieć na pytania.
- Uwzględnieniem dyrektorów szkół na tych spotkaniach, aby sprawdzić, jak oceniają edukację w dwujęzyczną.
- Wymianą informacji ze stowarzyszeniami rodziców, koordynatorami grup rodzicielskich i z nauczycielami.
- Dotarciem do lokalnych rad oświatowych, rad szkolnych, zarządów społeczności i lokalnych członków rady miejskiej.
- Organizowaniem małych spotkań w lokalnych kawiarniach, restauracjach, piekarniach, domach lub w miejscach publicznych, w celu zaprezentowania swoich pomysłów, oceny zainteresowania programem lub rekrutowania potencjalnych rodzin. W przypadku takiego spotkania możesz zaprosić jednego lub wszystkich wyżej wymienionych interesariuszy do wygłoszenia przemówień lub podzielenia się uwagami.
- Współpracą z ambasadami, konsulatami, konsulami honorowymi, ośrodkami kulturalnymi zajmującymi się kwestiami językowymi, fundacjami zajmującymi się edukacją lub rozwojem społeczności, biurami turystycznymi, międzynarodowymi lub zrzeszonymi izbami handlowymi, które obsługują przedsiębiorstwa z dwóch lub więcej krajów, a także stowarzyszenia i federacje działające na polu dziedzictwa kulturalnego.

Komitet wsparcia programowego

Twój komitet wsparcia programowego może zapewnić pomoc na różnych etapach procesu, skupiając się na:

- Zbieraniu i dzieleniu się podczas spotkań z rodzicami informacjami na temat wielu kognitywistycznych, akademickich, osobistych i zawodowych zalet edukacji dwujęzycznej
- Organizowaniu wizyty w istniejących już dwujęzycznych programach, aby obserwować dobre praktyki i sprawdzić, jak można zarządzać programem
- Kontakcie z już stworzonymi programami dwujęzycznymi, aby móc zadawać pytania dotyczące zaangażowania rodziców, ich lojalności wobec programu, wysiłków związanych z gromadzeniem funduszy oraz potrzeb w zakresie materiałów, nauczycieli i wsparcia administracyjnego
- Spotykaniu i zapraszaniu rodziców, którym udało się stworzyć program dwujęzyczny, aby uczyć się na ich doświadczeniach.

Faza druga: stworzenie przekonującej argumentacji i znalezienie szkoły

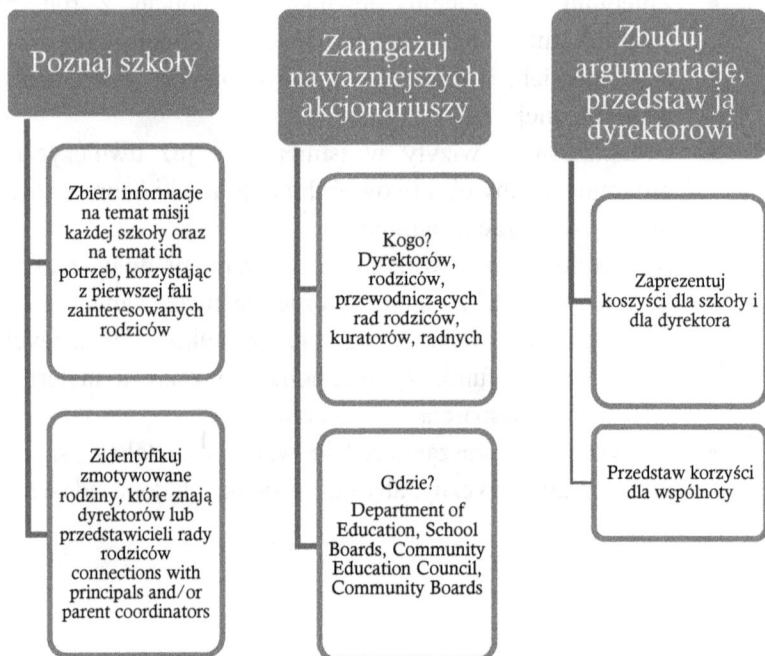

Poznaj szkoły	Zaangażuj nawazniejszych akcjonariuszy	Zbuduj argumentację, przedstaw ją dyrektorowi
Zbierz informacje na temat misji każdej szkoły oraz na temat ich potrzeb, korzystając z pierwszej fali zainteresowanych rodziców	Kogo? Dyrektorów, rodziców, przewodniczących rad rodziców, kuratorów, radnych	Zaprezentuj koszyści dla szkoły i dla dyrektora
Zidentyfikuj zmotywowane rodziny, które znają dyrektorów lub przedstawicieli rady rodziców connections with principals and/or parent coordinators	Gdzie? Department of Education, School Boards, Community Education Council, Community Boards	Przedstaw korzyści dla wspólnoty

Pod koniec wspólnej pracy poszczególne komitety muszą być przygotowane do przedstawienia zebranych danych dyrektorowi i wspólnocie szkolnej. Zanim przedstawisz dyrektorowi szkoły swój pomysł, dobrze jest przemyśleć dokładnie argumentację, która pomoże ci go przekonać.

Argumenty przemawiające za stworzeniem programu dwujęzycznego mogą być następujące:

- Nowy dyrektor może starać się o uznanie, a program dwujęzyczny byłby dobrym sposobem na pozostawienie po sobie śladu w szkole, a nawet w całej społeczności.

- Dobrze działający program dwujęzyczny może przynieść szkołom dużo pozytywnego uznania, poprawić reputację i przyciągnąć nowe źródła finansowania Dwujęzyczne programy przekazują całodzienny dar drugiego języka wszystkim dzieciom w społeczności.

- Dla rodzin drugiego lub trzeciego pokolenia, programy dwujęzyczne są sposobem na ochronę języka i dziedzictwa kulturowego oraz umożliwiają im dzielenie się nimi ze wszystkimi dziećmi.

- Program dwujęzyczny będzie przynosić korzyści całej społeczności szkolnej, ponieważ nowe, zmotywowane rodziny będą każdego roku dołączać do szkoły. Rodzice ci niosą ze sobą chęć wspierania szkoły na wiele sposobów, od zbiórki pieniędzy, po pomoc w ogólnych zajęciach szkolnych.

- Rodziny z dwujęzyczne mogą również ubogacić społeczność szkolną swoją sztuka, muzyką czy kuchnią. Wykorzystując połączenia między społecznościami, takie rodziny mogą pomóc w tworzeniu lepszych programów zajęć pozaszkolnych, lepszych kawiarni, organizowaniu wycieczek, znajdywaniu staży.

- Programy dwujęzyczne mogą nadać nowej szkole lub szkole z pustymi salami lekcyjnymi, nowe oblicze

- Większy wybór szkół w danej dzielnicy może również pomóc w zmniejszeniu przepełnienia w konkurujących szkołach, dzięki przyciągnięciu większej liczby rodzin z klasy średniej. Programy dwujęzyczne pozwalają również odkryć korzyści płynące z integracji społeczno-ekonomicznej.

- Czasami rejony szkolne lub departament edukacji zapewniają dotacje na planowanie, rozwój programów nauczania czy rozwój zawodowy nauczycieli i pracowników.

- Dodatkowa pomoc finansowa i logistyczna może również dotrzeć do szkoły od partnerów oraz organizacji, które mają interes związany z danym językiem lub daną grupą społeczną (tj. Ambasady, Konsulaty, firmy i fundacje).

Podczas spotkania z dyrektorem szkoły należy zaprezentować zebrane dane i swój projekt w jak najbardziej profesjonalny sposób. Przedstaw korzyści dla dzieci i społeczności, jako wartości leżące u podstaw Twojej inicjatywy. Pokaż dokumenty, które opisują dane demograficzne zainteresowanych rodzin (uporządkowane według rocznika oraz rejonu szkolnego). Wyjaśnij zasady zdobywania dotacji na programy dwujęzyczne od Ministerstwa Edukacji lub od partnerów zewnętrznych. Po spotkaniu z zainteresowanym dyrektorem, poproś innych akcjonariuszy o okazanie wsparcia, zwłaszcza innych rodziców, nauczycieli i członków społeczności. Następnie skontaktuj się z zagranicznymi urzędnikami rządowymi i ofiarodawcami. Wykonując te kroki, zbudujesz bardzo mocną „obudowę" dla swojego projektu, a także zyskasz zaufanie społeczności, rodziców i wychowawców. Wspólnie możecie teraz stworzyć program dwujęzyczny, który odniesie sukces.

Faza trzecia: budowanie programu dwujęzycznego, który odniesie sukces już pierwszego dnia

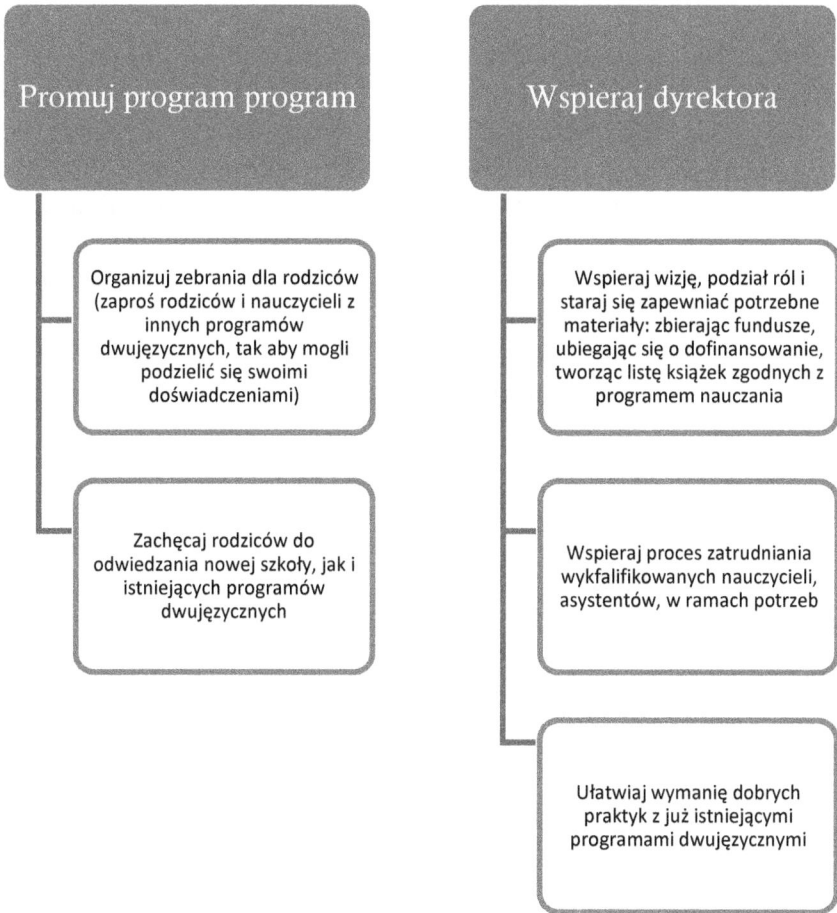

Promuj program program

Organizuj zebrania dla rodziców (zaproś rodziców i nauczycieli z innych programów dwujęzycznych, tak aby mogli podzielić się swoimi doświadczeniami)

Zachęcaj rodziców do odwiedzania nowej szkoły, jak i istniejących programów dwujęzycznych

Wspieraj dyrektora

Wspieraj wizję, podział ról i staraj się zapewniać potrzebne materiały: zbierając fundusze, ubiegając się o dofinansowanie, tworząc listę książek zgodnych z programem nauczania

Wspieraj proces zatrudniania wykfalifikowanych nauczycieli, asystentów, w ramach potrzeb

Ułatwiaj wymanię dobrych praktyk z już istniejącymi programami dwujęzycznymi

Gdy uda wam się przekonać dyrektora szkoły, jako grupa powinniście skupić uwagę na kilku innych aspektach:

- Musicie upewnić się, że macie wymaganą liczbę rodzin i że rejestrują one swoje dzieci w programie.
- Organizujcie wycieczki po szkole i przeprowadzajcie prezentacje podczas wydarzeń szkolnych, tak żeby zainteresować więcej rodzin.
- Powinniście również kontynuować promocję programu
- Organizujcie stałe spotkania informacyjne dla rodziców

- Możecie także zaprosić nauczycieli języków obcych i rodziców z programów dwujęzycznych do podzielenia się doświadczeniami z zainteresowanymi grupami rodziców.

Istnieje również wiele sposobów wspierania dyrektora, takich jak:

- Zdobycie materiałów dydaktycznych, takich jak odpowiednie dla wieku podręczniki, które będą potrzebne nauczycielom w ciągu pierwszych kilku miesięcy po uruchomieniu programu • Dzielenie się najlepszymi praktykami z innych programów dwujęzycznych, które poznaliście podczas poszukiwań w Internecie i interakcji z innymi szkołami.
- Szukanie książek, które są dostosowane do programu nauczania i przygotowywanie listy materiałów, które mogą być zamówione przez szkołę lub innych rodziców czy sympatyków.
- Asystowanie dyrektorowi w procesie rekrutacji, ponieważ znalezienie kompetentnych i wykwalifikowanych dwujęzycznych nauczycieli i asystentów szkolnych często okazuje się trudnym zadaniem
- Możecie również zostać poproszeni o pomoc w tłumaczeniu rozmów kwalifikacyjnych, a także o opinie na temat poziomu znajomości języka przez kandydatów.

Komitet pozyskiwania funduszy może również podjąć szereg zadań, takich jak:

- Organizowanie wydarzeń i opracowywanie apeli w celu otrzymania darowizn, które będą wspierać dwujęzyczną klasę, bibliotekę i całą szkołę.
- Znalezienie specjalisty ds. dwujęzyczności lub konsultanta, który będzie w stanie wyszkolić nauczycieli i asystentów nauczycieli, opracowywać program nauczania. Fundusze pozwolą również na uzyskanie materiałów dydaktycznych od dostawców krajowych i międzynarodowych.
- Pomoc w pisaniu wniosków o dofinansowanie w celu uzyskania dodatkowych funduszy od lokalnych, stanowych i federalnych agencji, fundacji i zagranicznych rządów.

Źródła

thebilingualrevolution.info

- Dołącz do wspólnoty, wspieraj i otrzymuj wsparcie
- Zyskaj dostęp do filmów, świadectw, propozycji lektur
- Zapisz się do newsletter'a Rewolucji Dwujęzycznej
- Pobierz materiały takie jak gotowe prezentacje i broszury, które może dostosować do własnych potrzeb
- Zlokalizuj już istniejące programy
- Poznaj innych „rewolucjonistów", którzy mieszkają obok Ciebie i stwórz nową grupę
- Zamów plakaty i materiały
- Zapisz się na webinary
- Zyskaj dostęp do sieci ekspertów
- Wesprzyj finansowo tłumaczenie tej książki
- Kup hurtowo książki do zaprezentowania na targach, wydarzeniach i różnych konferencjach

PRZYPISY

Przypisy do Wstępu

1 Elizabeth A. Harris, New York City Education Department to Add or Expand 40 Dual-Language Programs. New York Times, 14 stycznia 2015.

2 Więcej informacji na temat regulacji prawnych edukacji dwujęzycznej, dostępnych jest na stronie internetowej New America

3 Departament Edukacji, Dual-Language Education Programs: Current State Policies and Practices

Przypisy do rozdziału 1

4 Poniższe rozprawy sądowe miały znaczący wpływ na edukację dwujęzyczną oraz na przyznanie dzieciom z ograniczoną znajomością angielskiego praw do kształcenia w języku ojczystym: Meyer przeciwko Nebrasce, Lau przeciwko Nichols, Serna przeciwko Portales, Aspira przeciwko Nowojorskiemu Zarządowi Edukacji, Keyes przeciwko Rejonowi Szkolnemu numer 1 w Denver, Colorado, Flores przeciwko Arizonie, Castaneda przeciwko Pickard. Dodatkowo, The Billingual Education Act oraz No Child Left Behind miały wpływ na edukacje dwujęzyczną w USA

5 Więcej informacji na ten temat, dostępnych jest w dokumencie autorstwa Christine Hélot oraz Jurgen Erfurt, L'education bilingue en France: politiques linguistiques, modèles et pratiques.

6 Helen Ó Murchú, The Irish language education w Republice Irlandii

7 Canadian Parents for French, The State of French-Second Language Education in Canada 2012: Academically Challenged Students and FSL Programs

8 Wywiad z Robin Sundick, dyrektor P.S 84, 10 Czerwca 2015

9 Więcej informacji na ten temat, dostępnych jest w publikacji Thomas'a i Collier'a, The Astounding Effectiveness of Dual-Language Education for All

10 Wywad z Heather Foster-Mann, dyrektor PS 133, z raportu przygotowanego przez Ambasadę Francji na temat francuskich programów dwujęzycznych w Stanach Zjednoczonych

11 Wywiad z Marie Bouteillon, byłą nauczycielką w P.S 58 oraz konsultantka w sprawach tworzenia dwujęzycznych programów kształcenia, 19 Maja 2016

12 Na przykład, organizacje non-profit, klasyfikowane jako 501 (c) w stanach Zjednoczonych, są zwolnione z podatku i mogą otrzymywać nieograniczone wsparcie od osób prywatnych, korporacji, oraz związków. Najbardziej popularny typ organizacji non-profit, zwolnionych z podatku, określony jest w artykule 501 (c) (3) U.S Internal Revenue Code, w którym określone jest, że organizacja non-profit zwolniona jest z federalnego podatku od przychodu, jeśli jej działalność ma charakter: charytatywny, religijny, edukacyjny, naukowe, literacki, testowania na rzecz użytku publicznego, promujący amatorskie zawody sportowe lub zapobiegający przemocy wobec dzieci albo zwierząt.

13 Wywiad z Gretchen Baudenbacher, rodzicem oraz przewodniczącą PTA w szkole P.S 110, 1 Marca 2016

Przypisy do rozdziału 2

14 Wywiad z Yuli Fisher, 26 stycznia 2016

15 Verdugo Woodlands Elementary oraz Dunsmore Elementary School w Glendale Unified School District

16 Wywiad z Aya Taylor, Program Specialist w Glendale Unified School District, 22 stycznia 2016

17 Wywiad z Jeffrey Miller, dyrektorem Education and Family Programs w Japan Society, 19 stycznia 2016

18 Wywiad z Yumi Miki, rodzicem oraz wspózałożycielką JPD, 19 stycznia 2016

19 Wywiad z Hee Jin Kan, rodzicem oraz współzałożycielką JPD, 2 lutego 2016

20 Wywiad z Yuli Fisher, 26 stycznia 2016

21 Wywiad z Yuli Fisher, 26 stycznia 2016

Wywiad z Monica Muller, rodzicem w szkole P.S 147 oraz współzałożycielką JPD. 23 lutego 2016

22 Wywiad z Monica Muller, rodzicem w szkole P.S 147 oraz współzałożycielką JPD. 23 lutego 2016

23 501 (c)(3), zobacz: dyskusja i definicja w rozdziale 3

24 Wywiad z Mika Yokobori, rodzicem w szkole P.S 147, 15 stycznia 2016

Przypisy do rozdziału 3

25 Wywiad z Marcello Lucchetta, 25 stycznia 2016

26 Wywiad z Marcello Lucchetta, 25 stycznia 2016

27 Wywiad z Jack Spatola, dyrektorem P.S 172, 9 marca 2016

28 Wywid z Joseph Rizzi, Program Director w Federation of Italian-American Organisations, 13 listopada 2016

29 Wywiad z Luoise Alfano, dyrektor P.S 112, 13 listopada 2016

30 Fragment za Rachel Silberstein, New York's First Italian Dual-Language Preschool Coming to Bensonhurst (Bensonhurst Bean)

Przypisy do rozdziału 4

31 Wywiad z Gabi Hegan, założycielką CityKinder, 19 lutego 2016

32 Wywiad z Sylvią Wellhöfer, 19 stycznia 2016

33 Ibid.

Przypisy do rozidziału 5

34 „Z wielu, jeden" (motto Stanów Zjednoczonych)

35 American Community Surevy, 2015

36 Wywiad z Tatyaną Kleyn, profesor edukacji dwujęzycznej w City College of New York, 11 marca 2016

37 I.S oznacza intermediate school (gimnazjum), która obejmuje są klasę 6, 7 oraz 8

38 Wywiad z Marią Kot, byłym rodzicem z P.S 200, 4 marca 2016

39 Ibid.

40 Wywiad z Julią Stoyanovich i Olgą Ilyashenko, 25 lutego 2016

Przypisy do rozdziału 6

41 French Morning oraz France-Amérique

42 Więcej informacji na temat tej historii, dostępnych w publikacji Jane Ross oraz Fabrice Jaumong, Building billingual communities: New York's French bilingual revolution

43 Amy Zimer, How school's French dual-language programs are changing NYC neighbourhoods. DNA

44 Wywiad z Virgil de Voldère, rodzicem w P.S 84, 10 kwietnia 2013

45 Wywiad z Talcott Camp, rodzicem z P.S 84, 10 czerwca 2016

46 Założone w 1904, Société des Professeurs de Français et Francophones d'Amérique wspiera nauczycieli i badaczy zainteresowanych językiem francuskim i kulturą frankofońską

47 Założona w 1955, FACE, jest organizacją non-profit 501 (c)3 wspierającą francusko-amerykańskie relacje poprzez innowacyjne, międzynarodowe projekty w dziedzinach sztuki, edukacji i wymiany kutlurowej. Organizacja ma swoją siedzibę w Wydziale kultury Ambasady Francji w Nowym Jorku i jest nadzorowana przez Radę Nadzorczą. FACE służy wielu osobom poprzez swoje programy oparte na filmach oraz zapewnia wsparcie różnym inicjatywom poprzez swoją współpracę z Wydziałem kultury Ambasady Francji.

48 Kirk Semple, A big advocate of Franch in New York's schools: France. NY Times, 30 stycznia 2014

49 International Networks for Public Schools jest edukacyjną organizacją non-profit, wspierającą International high schools and academies, działającą na rzecz nowoprzybyłych imigrantów, którzy zaczynają uczyć się języka angielskiego w stanach: Nowy Jork, California, Kentucky, Maryland, Virginia, Washington DC. Internationals Network współpracuje również z innymi szkołami w całym kraju.

Przypisy do rozdziału 7

50 Donna Nevel, The Slow Death of Khalil Gibran International Academy. (Chalkbeat)

51 Ibid.

52 Andrea Elliott, Muslim educator's dream branded a threat in the U.S. (NY Times)

53 Informacja dostępna na stronie internetowej szkoły, 26 czerwca 2016

54 Randa Kayyali. The people perceived as a threat to security: Arab Americans since September 11.

55 Wywiad z Zeena Zakharia, 23 czerwca 2016

56 Ibid.

57 Wywiad z Carine Allaf, Director of Programs w Qatar Foundation International, 2 lutego 2016

58 Wywiad z Mimi Met, niezależną konsultantką, 8 marca 2016

59 „Our Mission", za stroną internetową organizacji, 10 sierpnia 2016

60 Ibid.

61 Za stroną internetową „I Speak Arabic", 5 sierpnia 2016

62 Karen Zeigler and Steven Camarota, One in five U.S. Residents speaks foreign language at home.

63 Wywiad z Carol Heeraman, dyrektor P.S/I.S 30, 8 marca 2016

Przypisy do rozdziału 8

64 American Community Survey, 2015

65 William Galush, For more than bread: Community and identity in American Polonia, 1880–1940.

66 Christopher Gongolski and Michael Cesarczyk, Two languages, one home. (Greenpoint News)

67 Wywiad z Julią Kotowski, rodzicem w P.S 34, 16 czerwca 2016

68 Wywiad z Elizabeth Czastkiewicz, nauczycielką przedszkolną w P.S 34, 16 czerwca 2016

69 Wywiad z Carmen Asselta, dyrektor P.S 34, 16 czerwca 2016

70 Wywiad z Elizabeth Czastkiewicz, nauczycielką przedszkolną w P.S 34, 16 czerwca 2016

71 Wywiad z Alicją Winnicki, Kuratorem Dystryktu 14, 6 czerwca 2016

72 Wywiad z Julią Kotowski, rodzicem w P.S 34, 16 czerwca 2016

73 Wywiad z Carmen Asselta, dyrektor P.S 34, 16 czerwca 2016

74 Wywiad z Alicją Winnicki, Kuratorem Dystryktu 14, 6 czerwca 2016

75 Ibid.

Przypisy do rozdziału 9

76 Wywiad z Ofelią Garcia, profesor w CUNY Graduate School, 14 czerwca 2016

77 Wywiad z Carmen Dinos, 19 maja 2015

78 Ibid.

79 Milady Baez, NYC Deputy Schools Chancellor, przemówienie do przedstawicieli inicjatywy rosyjskiego program dwujęzycznego zebranych na Columbia University w Nowym Jorku, 12 maja 2016

80 Ibid.

81 NYC Department of Education, kurator Fariña nadaje miano "model dual-language schools" 15 szkołom

82 Za stroną internetową szkoły, 20 sierpnia 2016

83 Carla Zaoni, dyrektor Miriam Pedraja nauczają dzieci dwóch języków równocześnie. (Chalkbeat)

84 Wywiad z Marią Jaya, rodzicem, założycielką oraz współ-dyrektorką Cypress Hills Community School, 19 września 2016

85 Więcej informacji na temat szkoły, dostępnych w publickacji Laura Ascenzi-Moreno oraz Nelson Flores, A Case Study of Bilingual Policy and Practices at the Cypress Hills Community School

86 U.S News Report High School Rankings: High School for Dual Language and Asian Studies. Za stroną internetową U.S News, 23 sierpnia 2016

87 „Misja" za stroną internetową szkoły, 23 sierpnia 2016

88 Fragment za Castellón, M., Cheuk, T., Greene, R., Mercado-Garcia, D., Santos, M., Skarin, R. & Zerkel, L. Schools to Learn from: How Six High Schools Graduate English Language Learners College and Career Ready.

Przypisy do rozdziału 10

89 Wywiad z Ron Woo, profesorem w Bank Street College oraz konsultantem w NYU Metropolitan Center for Research on Equity and the Transformation of Schools, 16 czerwca 2015

90 China Institute in America jest edukacyjną i kulturową organizacją non-profit w Nowym Jorku, założoną w 1926 przez grupę wybitnych amerykańskich i chińskich pedagogów, takich jak John Dewey, Hu Shih, Paul Monroe oraz Dr. Kuo Ping-wen. Jest to najstarsza, dwukulturowa organizacja w USA poświęcona wyłącznie Chinom.

91 Założona w 1956 przez John D. Rocekfeller'a 3-ego, Asia Society jest wiodącą organizacją edukacyjną, poświęconą idei zbudowania wspólnego zrozumienia i umacniania związków między ludźmi, liderami i instytucjami z Azji i ze Stanów Zjednoczonych, w globalnym kontekście.

92 Wywiad z Li Yan, dyrektorem High School for Dual Languages and Asian Studes, 14 września 2016

93 Wywiad z Ron Woo, profesorem w Bank Street College oraz konsultantem w NYU Metropolitan Center for Research on Equity and the Transformation of Schools, 16 czerwca 2015

94 Wywiad z Thalia Baeza Milan, za Patrick Wall, City to add dozens of dual-language programs as they grow in popularity. (Chalkbeat)

95 Fragment za Castellón, M., Cheuk, T., Greene, R., Mercado-Garcia, D., Santos, M., Skarin, R. & Zerkel, L. Schools to Learn from: How Six High Schools Graduate English Language Learners College and Career Ready

96 Więcej informacji na te temat, źródeł i przykładów, dostępna jest na oficjalnej stornie Rewolucji Dwujęzycznej

Przypisy do rozdziału 11

97 Chciałbym podziękować rodzicom z inicjatywy Downtown French DLP, rodzicom i nauczycielom z P.S 84 na Manhatanie oraz P.S 58 na Brooklynie, członkom Education en Français à New York, założycielom La Petite Ecole, oraz Wydziałowi edukacji Ambasady Francji. Również chciałbym podziękować rodzicom z inicjatyw japońskiego, niemieckiego, włoskiego, francuskiego i rosyjskiego programu dwujęzycznego, przedstawionych w następnych rozdziałach, którzy zechcieli podzielić się wspólną wizją wskazówek lub pomogli ulepszyć ich pierwotną wersję.

98 Liczby przywoływane w tym rozdziale dotyczą New York City, gdzie szkoły dopuszczają maksymalnie 19 dzieci w grupie w żłobku, 24 w przedszkolu i ponad 30 w szkole średniej.

99 Ustęp 154 usługi dla uczniów z ograniczoną znajomością języka angielskiego. Podpunkt 154-1 usługi dla uczniów z ograniczoną znajomością języka angielskiego dla programów działających przed rokiem szkolnym 2015/2016

100 Kilka przykładów podanych jest na oficjalnej stronie internetowej Rewolucji dwujęzycznej

101 Head Start jest programem United States Department of Health and Human Services, który zapewnia ogólną edukację wczesnoszkolną, wsparcie w dziedzinach zdrowia i żywienia oraz wsparcie dla rodziców, dla dzieci pochodzących z rodzin o niskim przychodzie.

Przypisy do rozdziału 12

102 Więcej informacji dostępnych w publikacji François Grosjean, Billingual: Life and Reality

103 Wywiad dostępny jest online: Life as Billingual: A Conversation with Francois Grosjean by Fabrice Jaumont

104 Więcej informacji dostępnych w publikacji François Grosjean, Billingual: Life and Reality

105 Więcej informacji dostępnych w publikacji Daniel Goleman, The Brain and Emotional Intelligence: New Insights.

106 Więcej informacji na ten temat w publikacji Kenneth Robinson, Creative schools: The grassroots revolution that's transforming education.

107 Więcej informacji na ten temat w badaniach naukowych wspomnianych w bibliografii tej książki, w szczególności Leikin (2012); Lauchlan, Parisi, & Fadda (2013); Ricciardelli (1992).

108 Koncept metalingwistycznej świadomości odnosi się do umiejętności traktowania języka jako procesu oraz jako przedmiotu tworzonego przez ludzi. Pomocnym jest wytłumaczenie wykonywania i przekazywania wiedzy lingwistycznej między językami (np. przełączanie kodu, jak i tłumaczenie przez osoby dwujęzyczne)

109 Polecam publikacje, między innymi, Wayne Thomas, Virginia Collier, Colin Baker, Margarita Espino Calderón i Liliana Minaya-Rowe, którzy wykonali świetną pracę w przedstawianiu efektywności edukacji dwujęzycznej. Ich badania umieszczone są w sekcji bilbiografii tej książki.

110 Aby dowiedzieć się więcej na ten temat, polecam lekturę: Wayne Thomas & Virginia Collier, The Astounding Effectiveness of Dual-Language Education for All.

111 American Council on the Teaching of Foregin Languages przedstawia listę badań na temat korzyści płynących z nauki języków

112 Aby dowiedzieć się więcej na ten temat, polecam lekturę: Wayne Thomas & Virginia Collier, The Astounding Effectiveness of Dual-Language Education for All.

113Na ten temat, zostało przeprowadzone kilka badań przez Ana Ines Ansaldo i Landa Ghazi-Saidi, które są umieszczone w bibliografii tej książki.

114 Na przykład badania Nicoladis and Genesee (1998); Cameau, Genessee, Lapuquette (2003), które są umieszczone w bibliografii tej książki.

115 Na przykład Greene (1998) Thomas i Collier (2004) albo Wilig (1985)

Przypisy do rozdziału 13

116 Więcej informacji na ten temat dostępnych w publikacji Ofelia Garcia, Bilingual Education in the 21st Century: A Global perspective

117 Więcej informacji, dostępnych na stronie internetowej Center for Applied Linguistics.

118U.S. Department of Education's Office of English Language Acquisition. Dual-Language Education Programs: Current State Policies and Practices.

119 W 1974, ASPIRA podpiszę ugodę pomiędzy New York City Board of Education a ASPIRA New York, zapewniającą uczniom uczącym się języka angielskiego (ESL) możliwość korzystania z edukacji dwujęzycznej. Jako iż, English Language Learners muszę mieć zapewniony równy dostęp do wszystkich programów szkolnych i usług oferowanych osobom niebędącymi English Language Learners, włączając w to dostęp do programów wymaganych do ukończenia szkoły. Więcej informacji na ten temat w publikacji read De Jesús & Pérez. From Community Control to Consent Decree: Puerto Ricans organizing for education and language rights in 1960s and 1970s New York City.

Również w Reyes, Luis The Aspira Consent Decree. A Thirtieth-Anniversary Retrospective of Bilingual Education in New York City. Harvard Educational Review Fall 2006 Issue

120 United States Supreme Court Sprawa No. 72-6520

121 Więcej informacji na ten temat dostępnych w publikacji Cathleen Jo Faruque, Migration of the Hmong to the Midwestern United States.

122 Minnesota jest również wśród stanów, które starają się rozwijać różnorodność i wspierać osoby dla których angielski nie jest językiem ojczystym, w wyniku czego stan rozwinął programy dwujęzyczne dla uczniów i zapewnił odpowiednie materiały dla nauczycieli w klasach dwujęzycznych.

123 Więcej informacji na ten temat w publikacji Kathleen Stein-Smith, The U.S. Foreign Language Deficit. Strategies for Maintaining a Competitive Edge in a Globalized World.

124 "FBI nie przeznaczyło wystarczających środków na nadzorowanie i potrzebę tłumaczenia agentów antyterrorystycznych. Brakowało tłumaczy znających język arabski i inne istotne języki, co poskutkowało sporą ilością nieprzetłumaczonych przechwyconych informacji" Fragment ze strony 77, 9/11 Commission Report – National Commission on Terrorist Attack upon the United States, 22 lipca 2004

125 Więcej na ten temat w publikacji James Crawford. Bilingual Education: History, Politics, Theory and Practice. Trenton, NJ: Crane Publishing Company.

126 Więcej informacji na ten temat na stronie internetowej ACLU American Civil Liberties Union Home Page. "English Only"

127 Więcej informacji na ten temat dostępnych na stronie CAL w bazie danych na temat programów imersyjnych dla języków zagranicznych w Stanach Zjednoczonych.

128 David McKay Wilson, Dual-Language Programs on the Rise. Model nazywany "enrichment"[wzbogacenie] kształtuje treść zajęć w odpowiedzi na potrzeby uczniów, dla których angielski nie jest językiem ojczystym.

129 Utah Senate. Międzynarodowe inicjatywy edukacyjne – ważne języki (Senate Bill 41)

Odwołania i prace cytowane w przedmowie - Edukacja dwujęzyczna: przełom dzięki zaangażowaniu rodziców i społeczności, Orfelia Garcia

Castellanos, D. L. (1983). *The Best of two worlds: Bilingual-bicultural education in the U.S.* Trenton, New Jersey: New Jersey State Dept. of Education.

Crawford, J. (2004). *Educating English learners: Language diversity in the classroom, Fifth Edition* (5th edition). Los Angeles, CA: Bilingual Education Services, Inc.

Crawford, J. (2004). *Educating English learners. Language diversity in the classroom, 5th ed. (formerly Bilingual education: History, politics, theory and practice).* Los Angeles, CA: Bilingual Educational Services.

Del Valle, S. (1998). Bilingual Education for Puerto Ricans in New York City: From Hope to Compromise. *Harvard Educational Review, 68*(2), 193–217.

Del Valle, S. (2003). *Language rights and the law in the United States.* Clevedon, UK: Multilingual Matters.

Epstein, N. (1977). *Language, Ethnicity and the Schools: Policy alternatives for bilingual-bicultural education.* Washington, D.C.: Institute for Educational Leadership.

Flores, N. (2016). A tale of two visions: Hegemonic whiteness and bilingual education. *Educational Policy, 30,* 13–38.

Flores, N. & García, O. (forthcoming). A critical review of bilingual education in the United States: From Basements and pride to boutiques and profit. *Annual Review of Applied Linguistics.*

García, O. (2011). *Bilingual education in the 21st century: A Global perspective.* Malden, MA: John Wiley & Sons.

García, O., & Fishman, J.A. (Eds.). (2001). *The Multilingual Apple. Languages in New York City* (2nd ed.). Berlin, Germany: Mouton de Gruyter.

García, O., & Li Wei. (2014). *Translanguaging: Language, bilingualism and education*. London, United Kingdom: Palgrave Macmillan Pivot.

Lindholm-Leary, K. J. (2001). *Dual-language education*. Clevedon, UK: Multilingual Matters.

Menken, K., & Solorza, C. (2014). No Child Left Bilingual Accountability and the Elimination of Bilingual Education Programs in New York City Schools. *Educational Policy, 28*(1), 96–125.

Otheguy, R., García, O., & Reid, W. (2015). Clarifying translanguaging and deconstructing named languages: A perspective from linguistics. *Applied Linguistics Review, 6*(3), 281–307. http://doi.org/10.1515/applirev-2015-0014

Valdés, G. (1997). Dual-language immersion programs: A cautionary note concerning the education of language-minority students. Harvard Educational Review, 67, 391-429.

Odwołania i prace cytowane w Rewolucji Dwujęzycznej: Przyszłość edukacji jest w dwóch językach, Fabrice Jaumont:

American Council on the Teaching of Foreign Languages. What the Research Shows. Studies supporting language acquisition. Retrieved on July 11, 2017.

American Civil Liberties Union (ACLU). ACLU Backgrounder on English Only Policies in Congress. Retrieved on August 21, 2017.

Ansaldo, A.I., & Ghazi Saidi, L. (2014) Aphasia therapy in the age of globalization: Cross-linguistic therapy effects in bilingual aphasia. *Behavioural Neurology*. Volume 2014 (March)

Ansaldo, A.I. Ghazi-Saidi, L & Adrover-Roig, D. (2015) Interference Control in Elderly Bilinguals: Appearances can be misleading. *Journal of Clinical and Experimental Neuropsychology*. Volume 37, issue 5. February 2015. (pp. 455-470)

Ascenzi-Moreno, L. and Flores, N. A case study of bilingual policy and practices at the Cypress Hills Community School. In O. Garcia, B. Otcu & Z. Zakharia (Eds.), *Bilingual Community Education and Multilingualism: Beyond Heritage Languages in a Global City* (pp. 219-231). Bristol, UK: Multilingual Matters.

Aspira v. Board of Education of City of New York. 394 F. Supp. 1161 (1975).

August, D. and Hakuta, K. (Eds,) (1997) *Improving Schooling for Language-Minority Children.* Washington, DC: National Academy Press.

Ball, J. (2010, February). *Educational equity for children from diverse language backgrounds: Mother tongue-based bilingual or multilingual education in the early years.* Presentation to UNESCO International   Symposium: Translation and Cultural Mediation, Paris, France.

Baker, C. (2014). *A parents' and teachers' guide to bilingualism.* Bristol, U.K. Multilingual Matters.

Baker, C. (2001). *Foundations of bilingual education and bilingualism* (3rd ed.). Clevedon, UK: Multilingual Matters.

Barac, R., Bialystok, E., Castro, D. C., & Sanchez, M. (2014). The cognitive development of young dual-language learners: A critical review. *Early Childhood Research Quarterly, 29*(4), 699–714.

Barrière, I., & Monéreau-Merry, M.M. (2012). Trilingualism of the Haitian Diaspora in NYC: Current and Future Challenges. In O. Garcia, B. Otcu & Z. Zakharia (Eds.), Bilingual Community Education and Multilingualism: Beyond Heritage Languages in a Global City (pp. 247-258). Bristol, UK: Multilingual Matters.

Barrière, I. (2010). The vitality of Yiddish among Hasidic infants and toddlers in a low SES preschool in Brooklyn. In W. Moskovich (Ed.), Yiddish - A Jewish National Language at 100 (pp. 170 – 196). Jerusalem-Kyiv: Hebrew University of Jerusalem.

Brisk, M., & Proctor, P. (2012). *Challenges and supports for English language learners in bilingual programs.* Paper presented at the Understanding Language Conference, Stanford University, Stanford, CA.

Brisk, M. E. (1998) *Bilingual Education: From Compensatory to Quality Schooling.* Mahwah, NJ: Lawrence Erlbaum Associates.

Calderón, M. E., & Minaya-Rowe, L. (2003). *Designing and implementing two-way bilingual programs.* Thousand Oaks, CA: Corwin Press.

Canadian Parents for French. (2012). *The State of French-Second-Language Education in Canada 2012: Academically Challenged Students and FSL Programs.*

Cameau, L., Genesee, F., and Lapaquette, L. (2003). The modelling hypothesis and child bilingual code-mixing. *International Journal of Bilingualism,* 7.2:113-128

Castellón, M., Cheuk, T., Greene, R., Mercado-Garcia, D., Santos, M., Skarin, R. & Zerkel, L. (2015). *Schools to Learn from: How Six High Schools Graduate English Language Learners College and Career Ready.* Prepared for Carnegie Corporation of New York. Stanford Graduate School of Education. *Castaneda v. Pickard.* 648 F.2d 989 (1981).

Center for Applied Linguistics. Two-Way Immersion Outreach Project.

Center for Applied Linguistics. Databases and directories.

Christian, D. (1996). Two-way immersion education: Students learning through two languages. *The Modern Language Journal, 80*(1), 66–76.

Christian, D. (2011). Dual-language education. In E. Hinkel (Ed.), *Handbook of research in second language teaching and learning, volume II* (pp. 3–20). New York, NY: Routledge.

Cloud, N., Genesee, F., & Hamayan, E. (2000). *Dual-Language Instruction: A Handbook for Enriched Education.* Boston, MA: Heinle & Heinle, Thomson Learning, Inc.

Combs, M., Evans, C., Fletcher, T., Parra, E., & Jiménez, A. (2005). Bilingualism for the children: Implementing a dual-language program in an English-only state. *Educational Policy, 19*(5), 701–728.

Crawford, J. (2004). *Educating English learners. Language diversity in the classroom* (Fifth Ed.). Los Angeles, CA: Bilingual Educational Services, Inc.

Crawford, J. (1999). *Bilingual Education: History, Politics, Theory and Practice.* Trenton, NJ: Crane Publishing Company.

Cummins, J., & Swain, M. (1986). *Bilingualism in education: Aspects of theory, research and practice.* London: Longman

De Jesús, A. & Pérez, M. (2009). From Community Control to Consent Decree: Puerto Ricans organizing for education and language rights in 1960s and 1970s New York City. *CENTRO Journal* 7 Volume xx1 Number 2 fall 2009

de Jong, E. (2004). L2 proficiency development in a two-way and a developmental bilingual program. *NABE Journal of Research and Practice*, 2(1), 77–108.

de Jong, E. J. (2014). Program design and two-way immersion programs. *Journal of Immersion and Content-Based Language Education*, 2(2), 241–256.

de Jong, E. J., & Bearse, C. I. (2014). Dual-language programs as a strand within a secondary school: Dilemmas of school organization and the TWI mission. *International Journal of Bilingual Education and Bilingualism, 17*(1), 15–31.

de Jong, E. J., & Howard, E. (2009). Integration in two-way immersion education: Equalising linguistic benefits for all students. *International Journal of Bilingual Education and Bilingualism, 12*(1), 81–99.

Dorner, L. (2010). Contested communities in a debate over dual-language education: The import of "public" values on public policies. *Educational Policy, 25*(4), 577–613.

Elliott, A. Muslim educator's dream branded a threat in the U.S. *New York Times*. April 28, 2008.

Espinosa, L. (2013). *Early education for dual-language learners: Promoting school readiness and early school success*. Washington, DC: Migration Policy Institute.

Faruque, Cathleen Jo. *Migration of the Hmong to the Midwestern United States*. Lanham, NY: University Press of America, Inc., 2002.

Fishman. J. (editor). (1999). *Handbook of language and ethnic identity*. Oxford, U.K.: Oxford University Press.

Fishman, J. (1976). *Bilingual education: An international sociological perspective*. Rowley, MA: Newbury House.

Flores v. Arizona. 160 F. Supp. 2d 1043 (D. Ariz. 2000).

Flores, N., & Rosa, J. (2015). Undoing appropriateness: Raciolinguistic ideologies and language diversity in education. *Harvard Educational Review*, 85, 149–171.

Flores, N., & Baetens Beardsmore, H. (2015). Programs and structures in bilingual and multilingual education. In W. Wright, S. Boun, & O.García (Eds.), *Handbook of bilingual and multilingual education* (pp. 205–222). Oxford, UK: Wiley-Blackwell.

Flores, N. (2014). Creating republican machines: Language governmentality in the United States. *Linguistics and Education*, 25(1), 1–11.

Flores, N. (2013). Silencing the subaltern: Nation-state/colonial governmentality and bilingual education in the United States. *Critical Inquiry in Language Studies*, 10(4), 263–287.

Fortune. T.& Tedick, D. (Eds.). (2008) *Pathways to multilingualism: Evolving perspectives on immersion education*. Clevedon, England: Multilingual Matters.

Freeman, R. D. (1998). *Bilingual education and social change*. Clevedon, UK: Multilingual Matters.

Galush, William J. (2006). For More Than Bread: Community and Identity in American Polonia, 1880–1940. East European Monographs. New York: Columbia University Press

Garcia, E. E. (2005). *Teaching and learning in two languages: bilingualism & schooling in the United States* (Multicultural Education)

García, O. (2009). *Bilingual education in the 21ˢᵗ century: A global perspective*. Oxford, UK: Wiley-Blackwell.

Garcia, O., and Kleifgen, J.A. (2010) *Educating Emergent Bilinguals: Policies, Programs, and Practices for English Language Learners*. New York: Teachers College Press.

García O., Zakharia Z., and Otcu, B., (editors). (2002). *Bilingual community education and multilingualism. beyond heritage languages in a global city*, (Bristol, U.K.: Multilingual Matters)

García, O., Johnson, S.I., Seltzer, K (2016). *The translanguaging classroom: leveraging student bilingualism for learning.* Philadelphia, Pennsylvania: Caslon.

Genesee, F., Lindholm-Leary, K., Saunders, W., & Christian, D. (Eds.) (2006). Educating English language learners: A synthesis of research evidence. New York: Cambridge University Press.

Ghazi Saidi L., Perlbarg V., Marrelec G., Pélégrini-Issac M., Benali H. & Ansaldo AI. (2013) Functional connectivity changes in second language vocabulary learning. Brain Language, Jan; 124 (1):56-65.

Ghazi-Saidi, L. & Ansaldo, A. I. (2015) Can a Second Language Help You in More Ways Than One? Commentary article. AIMS Neuroscience, 2(1):52-5

Ghazi Saidi, L., Dash, T. & Ansaldo, A. I. (In Press), How Native-Like Can You Possibly Get: fMRI Evidence in a pair of Linguistically close Languages, Special Issue: Language beyond words: the neuroscience of accent, Frontiers in Neuroscience, 9.

Goldenberg, C. (2006). Improving Achievement for English Learners: Conclusions from Two Research Reviews. *Education Week. July 25, 2006.*

Goleman, D. (2011). *The Brain and Emotional Intelligence: New Insights.* Florence, MA. More than Sound.

Gómez, D. S. (2013). *Bridging the opportunity gap through dual-language education.* Unpublished manuscript, California State University, Stanislaus.

Gómez, L., Freeman, D., & Freeman, Y. (2005). Dual-language education: A promising 50-50 model. *Bilingual Research Journal, 29*(1), 145–164.

Gongolski, C. & Cesarczyk, M. Two languages, one home. *Greenpoint News.* September 16, 2015.

Greene, J. (1998) A Meta-Analysis of the Effectiveness of Bilingual Education.

Grosjean, F. (2010) *Bilingual: Life and reality.* Cambridge, MA. Harvard University Press.

Grosjean, F. (1982). *Life with two languages: An introduction to bilingualism.* Cambridge, MA. Harvard University Press.

Hakuta, K. (1986). Mirror of language: The debate on bilingualism. NY: Basic Books.

Harris, E. "New York City Education Department to Add or Expand 40 Dual-Language Programs." *New York Times.* January 14, 2015.

Hélot, C. & Erfurt, E. (2016) *L'éducation bilingue en France : politiques linguistiques, modèles et pratiques.* Rennes, Presses Universitaires de Rennes.

Howard, E. R., & Christian, D. (2002). *Two-way immersion 101: Designing and implementing a two-way immersion education program at the elementary level.* Santa Cruz, CA: Center for Research on Education, Diversity, and Excellence, University of California-Santa Cruz.

Howard, E. R., Sugarman, J., Christian, D., Lindholm-Leary, K., & Rogers, D. (2007). *Guiding Principles for Dual-Language Education.* Second Edition Center for Applied Linguistics.

Howard, E., Sugarman, J., & Coburn, C. (2006). *Adapting the Sheltered Instruction Observation Protocol (SIOP) for two-way immersion education: An introduction to the TWIOP.* Washington DC: Center for Applied Linguistics.

Jaumont, F.; Ross, J.; Schulz, J.; Ducrey, L.; Dunn, J. (2017) "Sustainability of French Heritage Language Education in the United States" in Peter P. Trifonas and Thermistoklis Aravossitas (editors) *International Handbook on Research and Practice in Heritage Language Education.* New York, NY: Springer.

Jaumont, F., Le Devedec, B. & Ross J. (2016). "Institutionalization of French Heritage Language Education in U.S. School Systems: The French Heritage Language Program" in Olga Kagan, Maria Carreira, Claire Chik (editors). *Handbook on Heritage Language Education: From Innovation to Program Building.* Oxford, U.K.: Routledge.

Jaumont, F., Cogard, K. (2016). *Trends and Supports on French Immersion and Bilingual Education in 2015.* A Report of the Cultural Services of the French Embassy to the United States.

Jaumont, F. Life as Bilingual: A Conversation with Francois Grosjean. (2015).

Jaumont, F. & Ross, J. (2014). "French Heritage Language Communities in the United States" in Terrence Wiley, Joy Peyton, Donna Christian, Sarah Catherine Moore, Na Liu. (editors). *Handbook of Heritage and Community Languages in the United States: Research, Educational Practice, and Policy.* Oxford, U.K.: Routledge

Jaumont, F. & Ross, J. (2012). Building Bilingual Communities: New York's French Bilingual Revolution" in Ofelia García, Zeena Zakharia, and Bahar Otcu, (editors). *Bilingual Community Education and Multilingualism. Beyond Heritage Languages in a Global City* (pp.232-246). Bristol, U.K.: Multilingual Matters.

Jaumont, F. & Ross, J. (2013). French Heritage Language Vitality in the United States." *Heritage Language Journal.* Volume 9. Number 3.

Jaumont, F. (2012). The French Bilingual Revolution. *Language Magazine.* The Journal of Communication & Education. June 1st 2012.

Joint National Committee for Languages - National Council for Languages and International Studies.

Kagan, O., Carreira, M., Chik, C. (editors). (2016). *Handbook on Heritage Language Education: From Innovation to Program Building.* (Oxford, U.K.: Routledge, in press).

Kay, K. (2010). 21st century skills: Why they matter, what they are, and how we get there. In J. Bellanca & R. Brandt (Eds.), *21st century skills: Rethinking how students learn* (pp. xiii– xxxi). Bloomington, IN: Solution Tree Press.

Kayyali, R. The people perceived as a threat to security: Arab Americans since September 11. *Migration Policy.* July 1, 2006.

Kelleher, A. (2010). Who is a heritage language learner? *Heritage Briefs.* Washington, DC: Center for Applied Linguistics.

Keyes v. School Dist. No. 1, Denver, Colorado. 413 U.S. 189 (1973)

Kleyn, T., & Vayshenker, B. Russian Bilingual Education across Public, Private and Community Spheres. In O. Garcia, B. Otcu & Z. Zakharia (Eds.), Bilingual Community Education and Multilingualism: Beyond

Heritage Languages in a Global City (pp. 259-271). Bristol, UK: Multilingual Matters.

Kleyn, T., & Reyes, S. (2011). Nobody said it would be easy: Ethnolinguistic group challenges to bilingual and multicultural education in New York City. *International Journal of Bilingual Education and Bilingualism*, 14(2), 207-224

Kleyn, T. (2008). Speaking in colors: A window into uncomfortable conversations about race and ethnicity in U.S. bilingual classrooms. GiST: The Colombian Journal of Bilingual Education, 2: 13-23.

Lau v. Nichols, 414 U.S. 563 (1974).

Lauchlan, F; Parisi, M.; Fadda, R. (2013). Bilingualism in Sardinia and Scotland: Exploring the cognitive benefits of speaking a 'minority' language International *Journal of Bilingualism* February 2013 17: 43-56, first published on April 16, 2012

Leikin, M. (2012) The effect of bilingualism on creativity: Developmental and educational perspectives. *International Journal of Bilingualism* August 2013 17: 431-447, first published on March 28, 2012

Liebtag, E., & Haugen, C. (2015, April 29). *Shortage of dual-language teachers: Filling the gap.*

Lindholm-Leary, K.J. (1990). Bilingual Immersion Education: Criteria for Program Development. Bilingual Education: Issues and Strategies, Padilla, A.M, Fairchild, H.H, & Valadez, C.M. (Eds.).

Lindholm-Leary, K. J. (2001). Dual-language education. Clevedon, UK: Multilingual Matters.

Lindholm-Leary, K.J. (2000). Biliteracy for a Global Society: An Idea Book on Dual-Language Education. Washington, DC: The George Washington University.

Lindholm-Leary, K. J. (2003). Dual-language achievement, proficiency, and attitudes among current high school graduates of two-way programs. *NABE Journal, 26*, 20–25.

Lindholm-Leary, K. (2012). Success and challenges in dual-language education. *Theory Into Practice, Special Issue: Rethinking Language Teaching and Learning in Multilingual Classrooms, 51*(4), 256–262.

Lindholm-Leary, K., & Genesee, F. (2014). Student outcomes in one-way, two-way, and indigenous language immersion education. *Journal of Immersion and Content-Based Language Education, 2*(2), 165–180.

Lopez Estrada, V., Gómez, L., & Ruiz-Escalante, J. (2009). Let's make dual-language the norm. *Educational Leadership, 66*(7), 54–58.

McKay Wilson, D. (2011). Dual-language programs on the rise. "Enrichment" model puts content learning front and center for ELL students. *Harvard Education Letter.* Volume 27, Number 2 March/April 2011

Marian, V., Shook, A., & Schroeder, S. R. (2013). Bilingual two-way immersion programs benefit academic achievement. *Bilingual Research Journal, 36*, 167–186.

McCabe, A., et al. (2013). Multilingual children: Beyond myths and toward best practices. *Social Policy Report, 27*(4).

Menken, K., & Garcia, O. (Eds.). (2010). *Negotiating language policies in schools: Educators as policymakers.* New York, NY: Routledge.

Menken, K., & Solorza, C. (2014). No child left bilingual: Accountability and the elimination of bilingual education programs in New York City schools. *Educational Policy, 28*(1), 96– 125.

Meyer v. Nebraska. 262 U.S. 390 (1923).

Millard, M. (2015). *State funding mechanisms for English language learners.* Denver, CO: Education Commission of the States.

Mitchell, C. (2015, June 10). New York expanding dual-language to help its English learners. *Education Week, 34*(34), 7.

Montague, N. S. (2005). Essential beginnings for dual-language programs. *The TABE Journal, 8*, 18–25.

Montone, C. L., & Loeb, M. I. (2000). *Implementing two-way immersion programs in secondary schools.* Santa Cruz, CA: Center for Research on Education, Diversity & Excellence.

National Commission on Terrorist Attack upon the United States. July 22, 2004. Government Printing Office.

National Standards Collaborative Board. (2015). *World-Readiness Standards for Learning Languages* (4th ed.). Alexandria, VA: Author.

National Standards in Foreign Language Education Project. (2006). *Standards for foreign language learning in the 21st century.* Lawrence, KS: Allen Press, Inc

Nevel, D. The Slow Death of Khalil Gibran International Academy. *Chalkbeat.* April 20, 2011.

New Visions for Public Schools. Center for School Success. (2001). Best Practices Series. Dual-Language Instruction.

New York City Department of Education (2015). Chancellor Fariña names 15 schools Model Dual-Language Programs. Press Release. December 03, 2015.

New York City Department of Education, Office of School Quality, Division of Teaching and Learning. (2015). Quality review report – High School for Dual Language and Asian Studies.

New York State Department of Education. (2014). Part 154 services for pupils with limited English proficiency. Subpart 154-1services for pupils with limited English proficiency for programs operated prior to the 2015-2016 school year.

Nicoladis, E, and Genesee, F. (1998). Parental discourse and code-mixing in bilingual children. *International Journal of Bilingualism* 2.1:422 - 432.

Ó'Murchú, H. (2001) *The Irish language in education in the Republic of Ireland.* European Research Centre on Multilingualism and Language Learning.

Otcu, B. (2010). *Language Maintenance and cultural identity formation.* Saarbrucken: VDM Verlag Dr. Muller.

Otcu, B. (2010). Heritage language maintenance and cultural identity formation: The case of a Turkish Saturday school in New York City. *Heritage Language Journal*, 7(2) Fall, 2010.

Paciotto, C., & Delany-Barmann, G. (2011). Planning micro-level language education reform in new diaspora sites: Two-way immersion education in the rural Midwest. *Language Policy*, *10*(3), 221–243.

Palmer, D. (2007). A dual immersion strand programme in California: Carrying out the promise of dual-language education in an English-dominant context. *International Journal of Bilingual Education and Bilingualism, 10*(6), 752–768.

Palmer, D. (2010). Race, power, and equity in a multiethnic urban elementary school with a dual-language "strand" program. *Anthropology & Education Quarterly, 41*(1), 94–114.

Parkes, J., & Ruth, T. (with Angberg-Espinoza, A., & de Jong, E.). (2009). *Urgent research questions and issues in dual-language education.* Albuquerque, NM: Dual-Language Education of New Mexico.

Parkes, J., & Ruth, T. (2011). How satisfied are parents of students in dual-language education programs? 'Me parece maravillosa la gran oportunidad que le están dando a estos niños.' *International Journal of Bilingual Education and Bilingualism, 14*(6), 701–718.

Phillips, J. K., & Abbott, M. (2011). *A decade of foreign language standards: Impact, influence, and future directions.* Alexandria, VA: American Council on the Teaching of Foreign Languages.

Porras, D. A., Ee, J., & Gandara, P. C. (2014). Employer preferences: Do bilingual applicants and employees experience an advantage? In R. M. Callahan & P. C. Gándara (Eds.), *The bilingual advantage: Language, literacy, and the labor market* (pp. 234–257). Clevedon, UK: Multilingual Matters.

Porter, R. P. *Forked Tongue: The Politics of Bilingual Education.* New Brunswick, NJ: Transaction Publishers, 1996.

Ramirez, J. D., Yuen, S. D., Ramey, D. R., & Pasta, D. J. (1991). *Executive Summary. Final Report: Longitudinal Study of Structured English Immersion Strategy, Early-Exit and Late-Exit Transitional Bilingual Education Programs for Language Minority Children.* San Mateo, CA: Aguirre International.

Reyes, L. The *Aspira Consent Decree. A Thirtieth-Anniversary Retrospective* of Bilingual Education in New York City. Harvard Educational Review Fall 2006 Issue

Rhodes, N. C., & Pufahl, I. (2010). *Foreign language teaching in US Schools: Results of a national survey.* Washington, DC: Center for Applied Linguistics.

Ricciardelli, L. A. (1992), Creativity and Bilingualism. The Journal of Creative Behavior, 26: 242–254

Robinson, K. (2015). Creative schools: The grassroots revolution that's transforming education. New York, NY: Viking.

Rosenback, R. (2014). Bringing Up a Bilingual Child. Croydon, U.K. Filament Publishing.

Rossell, C. H. and K. Baker. "The Educational Effectiveness of Bilingual Education." *Research in the Teaching of English* 30, no. 1 (February 1996): 7-74.

Sandhofer, C., & Uchikoshi, Y. (2013). Cognitive consequences of dual-language learning: Cognitive function, language and literacy, science and mathematics, and social-emotional development. In F. Ong & J. McLean (Eds.), *California's best practices for young dual-language learners: Research overview papers* (pp. 51–89). Sacramento, CA: California Department of Education.

Sandy-Sanchez, D. (2008). Secondary dual-language guiding principles: A review of the process. *Soleado, 8.*

Santos, M., Darling-Hammond, L., & Cheuk, T. (2012). *Teacher development appropriate to support ELLs.* Stanford, CA: Understanding Language.

Saunders, W., & O'Brien, G. (2006). Oral language. In F. Genesee, K. Lindholm-Leary, W. Saunders, & D. Christian (Eds.), *Educating English language learners: A synthesis of research evidence* (pp. 14–63). New York, NY: Cambridge University Press.

Scanlan, M., & Palmer, D. (2009). Race, power, and (in) equity within two-way immersion settings. *The Urban Review, 41*(5), 391–415.

Semple, K. A Big Advocate of French in New York's Schools: France. *New York Times.* January 30, 2014.

Serna v. Portales Municipal Schools. 351 F. Supp. 1279 (1972)

Silberstein, R. New York's first Italian dual-language preschool coming to Bensonhurst. January 30, 2015. *Bensonhurst Bean.*

Soltero, S. W. (2016). *Dual-language education: Program design and implementation.* Portsmouth, NH: Heinemann.

Stein-Smith, K. (2016). The U.S. Foreign Language Deficit. Strategies for Maintaining a Competitive Edge in a Globalized World. New York, NY: Palgrave-Macmillan.

Stein-Smith, K. (2013). The U.S. Foreign Language Deficit and Our Economic and National Security: A Bibliographic Essay on the U.S. Language Paradox. Edwin Mellen Press, NY.

Tedick, D. J., & Bjorklund, S. (Eds.). (2014). Language immersion education: A[131] research agenda for 2015 and beyond. *Journal of Immersion and Content-Based Language Education, 2, 2.*

The National Center for Research on Cultural Diversity and Second Language Learning (1996). *Learning Together: Two-Way Bilingual Immersion Programs.* Video. Produced by Jon Silver.

Thomas, W. P., & Collier, V. P. The Astounding Effectiveness of Dual-Language Education for All. *NABE Journal of Research and Practice,* 2:1. Winter 2004.

Thomas, W. P., & Collier, V. P. (1997/1998). Two languages are better than one. Educational Leadership, 55(4), 23–26.

Thomas, W. P., & Collier, V. P. (1999). Accelerated schooling for English-language learners. Educational Leadership, 56(7), 46–49.

Thomas, W. P., & Collier, V. P. (2002). A national study of school effectiveness for language minority students' long-term academic achievement. Santa Cruz, CA: Center for Research on Education, Diversity, and Excellence, University of California-Santa Cruz.

Thomas, W. P., & Collier, V. P. (1998). *Language Minority Student Achievement and Program Effectiveness: Research Summary of Ongoing Study.* George Mason University.

Tochon, F. V. (2009). The key to global understanding: World Languages Education—Why schools need to adapt. *Review of Educational Research, 79*(2), 650–681.

Torres-Guzmán, M., Kleyn, T., Morales-Rodríguez, S., & Han, A. (2005). Self-designated dual-language programs: Is there a gap between labeling and implementation? *Bilingual Research Journal, 29*(2), 453–474.

U.S. Department of Education, Office of English Language Acquisition (2015). Dual-Language Education Programs: Current State Policies and Practices, Washington, D.C.

U.S. Department of Education, Office for Civil Rights, and U.S. Department of Justice, Civil Rights Division. (2015). *Dear colleague letter, English learner students and limited English proficient parents.* Washington, DC: Author.

U.S. News Report High School Rankings: High School for Dual Language and Asian Studies.

Utah Senate (2008). International Education Initiatives – Critical Languages (Senate Bill 41)

Wall, P. City to add dozens of dual-language programs as they grow in popularity. *Chalkbeat.* April 4, 2016.

Warhol, L., & Mayer, A. (2012). Misinterpreting school reform: The dissolution of a dual-immersion bilingual program in an urban New England elementary school. *Bilingual Research Journal, 35*(2), 145–163.

Wiley, T., Peyton, J., Christian, D., Moore, S.C., Liu. N. (editors). (2014). Handbook of Heritage and Community Languages in the United States: Research, Educational Practice, and Policy. (Oxford, U.K.: Routledge).

Willig, A. (1985). A meta-analysis of selected studies on the effectiveness of bilingual education. Review of Educational Research, 55, 269-317.

Wright, W. (2015). *Foundations for Teaching English Language Learners: Research, Theory, Policy, and Practice.* Philadelphia, PA: Caslon.

Yang Su, E. (2012). *Dual-language lessons growing in popularity.* Emeryville, CA: California Watch.

Zakharia, Z. (2016) Language, conflict, and migration: Situating Arabic bilingual community education in the United States. *International Journal of the Sociology of Language.* 2016; 237: 139–160.

Zakharia, Z. & Menchaca Bishop, L. (2013). Towards positive peace through bilingual community education: Language efforts of Arabic-speaking communities in New York. In Ofelia García, Zeena Zakharia

& Bahar Otcu (eds.), *Bilingual community education and multilingualism: Beyond heritage languages in a global city*, 169–189. Bristol: Multilingual Matters.

Zanoni, C. Principal Miriam Pedraja teaches Uptown children two languages at a time. *DNAInfo*. April 16, 2012.

Zeigler, K & Camarota, S. One in Five U.S. Residents Speaks Foreign Language at Home. October 2015. Center for Immigration Studies.

Zimmer, A. How Schools' French Dual-Language Programs Are Changing NYC Neighborhoods. *DNAInfo*. May 26, 2015.

Fabrice Jaumont jest autorem "*Unequal Partners American Foundations and Higher Education Development in Africa*" (Palgrave-MacMillan, 2016). Jego książka „*Rewolucja dwujęzyczna: Przyszłość edukacji jest w dwóch językach*" (TBR Books, 2017), została przetłumaczona na arabski, chiński, francuski, niemiecki, rosyjski i hiszpański. Jaumont jest również autorem:„*Partenaires inégaux. Fondations américaines et universités en Afrique*" (Editions de la Maison des sciences de l'homme, 2018); "*The Gift of Languages: Paradigm Shift in U.S. Foreign Language Education*" (TBR Books, 2019) i "*Stanley Kubrick: The Odysseys* "(Books We Live By, 2018).

Fabrice Jaumont, pochodzi z Francji, przeniósł się do Stanów Zjednoczonych w 1997 roku. Obecnie jest dyrektorem programowym Fundacji FACE w Nowym Jorku oraz Attache Edukacji w Ambasadzie Francji w Stanach Zjednoczonych. Jest także Senior Fellow w Fondation Maison des Sciences de l'Homme w Paryżu. Fabrice Jaumont posiada tytuł doktora. w edukacji komparatywnejj i międzynarodowej z New York University.

W uznaniu jego zaangażowania w edukację i kulturę, Fabrice Jaumont został uhonorowany wieloma nagrodami, w tym nagrodą Cultural Diversity Award, the Academic Palms, and the Medal of Honor. Jego twórczość zyskała uznanie różnych mediów.

fabricejaumont.net

TBR Books

TBR Books jest programem Centrum rozwoju języków, edukacji i wspólnot (CALEC). Publikujemy prace naukowców oraz praktyków, którzy starają się zaangażować różne wspólnoty w tematach związanych z edukacją, językami, historią kulturową i inicjatywami społecznymi. Tłumaczymy nasze książki na wiele języków, aby zwiększyć zasięg naszego oddziaływania. Stając się członkiem TBR Books, otrzymasz dodatkowo dostęp do wszystkich naszych książek.

- Smith's *The Gift of Languages: Towards a Paradigm Shift in Foreign Languages Education,* Fabrice Jaumont i Kathleen Stein, jest dostępna na naszej stronie internetowej oraz we wszystkich większych internetowych księgarniach, w wersji papierowej i online.
- *The Bilingual Revolution: The Future of Education is in Two Languages,* Fabrice Jaumont, dostępna jest na naszej stronie w języku: arabskim, angielskim, francuskim, niemieckim, rosyjskim, hiszpańskim, a w krótce również w chińskim, włoskim, japońskim oraz polskim.

Lista wszystkich publikacji TBR Books, naszych serii książek oraz informacje na temat przesyłania prac, znajdują się na naszej stronie internetowej:

tbr-books.org

179

O CALEC

THE CENTER FOR THE ADVANCEMENT
OF LANGUAGES, EDUCATION, AND COMMUNITIES

Centrum rozwoju języków, edukacji i wspólnot jest organizacją non-profit, skupiającą swoją działalność na wielojęzyczności, zrozumieniu międzykulturowym i rozpowszechnianiu idei. Naszą misją jest wpływanie na życie innych poprzez wspieranie wspólnot językowych w tworzeniu innowacyjnych programów, jak i wspieranie rodziców i pedagogów poprzez badania, publikacje naukowe, mentoring, oraz sieć kontaktów. Pomogliśmy wielu wspólnotom poprzez nasze główne programy, takie jak:

- TBR Books, nasze wydawnictwo, które publikuje badania, eseje, studia przypadków analizujące innowacyjne pomysły na rzecz edukacji, języków i rozwoju kulturowego;

- TheBillingualREvolution.info, platforma internetowa która zapewnia dostęp do informacji, treningu oraz wsparcia dla wielojęzycznych rodzin, które szukają wsparcie w stworzeniu dwujęzycznych programów w szkołach;

- NewYorkinFrench.net, platforma internetowa, która zapewnia narzędzia do współpracy, wspierające nowojorską, francuskojęzyczną wspólnotę oraz różnorodność osób posługujących się tym językiem.

Wspieramy również rodziców i pedagogów zainteresowanych rozwojem języków, edukacji i wspólnot. Bierzemy udział w wydarzeniach i konferencjach promujących wielojęzyczność i rozwój kulturowy. Zapewniamy porady szkolnym administratorom i pedagogom, którzy wprowadzają programy dwujęzyczne w swoich szkołach. Aby uzyskać więcej informacji i zobaczyć, jak możesz wesprzeć naszą misję, zapraszamy do odwiedzenia naszej strony internetowej:

calec.org

www.ingramcontent.com/pod-product-compliance
Lightning Source LLC
Chambersburg PA
CBHW070034100426
42740CB00013B/2685